選手

#ICONIC_PLAYER

# PROLOGUE

## 야구의 세계화를 이끌 이름 오타니 쇼헤이
지금 세계 야구는 '오타니 시대'

투수로 긴 이닝을 훌륭하게 던져 준다. 등판할 때는 승리에 더 공헌하기 위해 자진해서 타격도 하려고 했다. 공격에서는 치는 것뿐만이 아니라 도루도 해서 팀 승리를 위해 애쓴다. 평범한 2루 땅볼에도 내야 안타의 가능성을 믿고 전속력으로 1루까지 질주한다. 마치 NFL의 체격 좋은 와이드 리시버(쿼터백이 던지는 패스를 전문적으로 받는 선수)를 보는 듯하다. 체구가 크고, 팔다리가 길고, 강인하고 민첩하다. 정말로 빠르다.

오타니 쇼헤이와 LA 에인절스에서 3년간(2020~2022년) 함께한 조 매든 전 감독이 한 말이다. 매든 감독의 말처럼 오타니는 운동능력이 뛰어나다. 160㎞/h를 가볍게 던지는 강한 어깨는 물론이고, 마구와 같은 스플리터와 예리한 슬라이더를 던진다. 또 타석에서는 파워와 정확성을 겸비한 타격 능력이 돋보인다. 여기에 홈에서 1루까지 3.8초대로 끊는 빠른 발도 갖추고 있다. 투타에서 야구로 대성할 조건을 타고난 선수가 바로 오타니다. 여기에 승리에 대한 열망과 더 높은 수준으로 향상하기 위한 마인드도 남다르다. 닛폰햄에 입단하기 전 오타니는 다음과 같이 밝힌 적이 있다.

**제가 선수로서 어디까지 할 수 있는지, 인간으로서도 어디까지 성장할 수 있을지가 앞으로의 즐거움입니다. 프로에서 이도류를 달성했을 때, 거기에는 큰 가치가 있다고 생각합니다. 제가 성장하면 저처럼 이도류에 도전하는 선수가 계속해서 나올 것으로 생각하고, 여러 가지로 가능성도 넓어질 것입니다. 지금은 어쨌든 노력해서 새로운 길을 만들어 갈 수 있는 선수가 되고 싶습니다.**

고정관념 혹은 선입견을 갖지 않고 항상 새로운 것에 도전하는 정신. 그리고 그것을 꾸준하게 해 나가는 힘을 오타니는 갖고 있다. 오타니는 선발로 나서는 경기에서는 항상 30~40분 전에 필드에 나와 외야까지 천천히 걸은 후, 스프린트를 한 차례 한다. 이어서 크기와 무게가 다른 컬러볼로 연습한다. 컬러볼을 쓰는 이유는 "공식구보다 무거운 공을 던지면 가장 효율적인 팔 스윙을 할 수 있기 때문"이라고 한다. 그 후, 캐치볼을 하고 나서 그 공은 관중석의 팬에게 선물로 던져준 후, 불펜에 들어가 공을 던진다. 과거 이치로가 매일 같은 시간에 야구장에 와서, 같은 시간에 공을 던지고 치고, 몸 관리를 위한 마사지를 받는 것처럼 오타니의 루틴 역시 마찬가지다. 한 시즌 내내, 선수 생활 내내, 똑같은 루틴을 반복할 수 있는 성실함이 있으니까, 매년 향상하는 결과를 남길 수 있는 것이다. LA의 한 팬이 아들에게 "이전에는 마이크 트라웃의 시대였지만 지금은 오타니 쇼헤이의 시대"라고 들려준 일화도 전해진다. 마이크 트라웃이 여전히 메이저리그에서 최고의 활약을 펼치고 있는데도, 오타니의 시대가 된 데는 그의 타고난 재능도 있지만 향상심과 성실함 등 훌륭한 인성을 갖추고 있는 것도 빼놓을 수 없을 것이다. 그렇기에 '이도류' 오타니의 역사는 한때 반짝이는 성냥불이 아니라 시간이 지나면 지날수록 더욱 밝게 빛나는 보석처럼 영롱한 빛을 발할 것이다.

# OHTANI SHOHEI

NIPPONHAM FIGHTERS 2013-2017
LA ANGELS 2018-2023
LA DODGERS 2024-2033
JAPAN NATIONAL TEAM 2014-PRESENT

## NPB

올스타 5회 선정 2013-2017
재팬시리즈 우승 2016
퍼시픽 리그 MVP 2016
퍼시픽 리그 베스트나인 투수 2회 선정 2015, 2016
퍼시픽 리그 베스트나인 지명타자 1회 선정 2016
퍼시픽 리그 평균자책점 부문 1위 2015

## MLB

올스타 3회 선정 2021, 2022, 2023
퍼스트팀 4회 선정 2021지명타자, 2022투수, 2023지명타자&투수
세컨드팀 2회 선정 2021투수, 2022지명타자
에드가 마르티네스 어워드 3회 2021, 2022, 2023
아메리칸 리그 MVP 2회 2021, 2023
실버 슬러거 2회 2021, 2023
아메리칸 리그 3루타 부문 1위 2021
커미셔너스 히스토릭 어치브먼트 어워드 2021
AP(미국연합통신) 선정 올해의 선수 2회 2021, 2023
아메리칸 리그 루키오브더이어 2018

## INTERNATIONAL TOURNAMENT

월드베이스볼클래식 우승 2023
월드베이스볼클래식 MVP 2023
월드베이스볼클래식 베스트팀 2023
WBSC 프리미어 12 3위 2015
WBSC 올해의 선수 2015

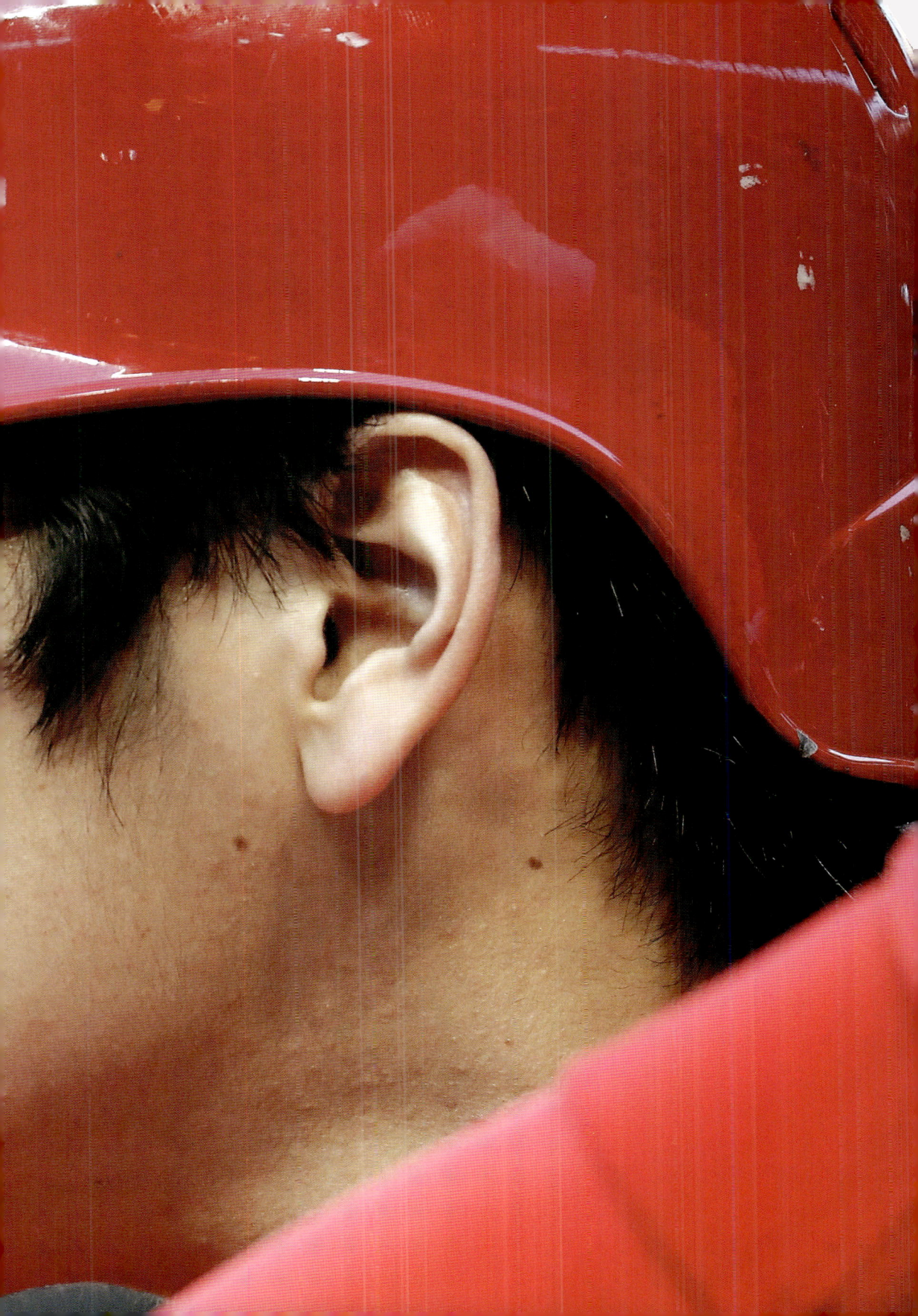

# CONTENTS

10  프롤로그: 야구의 세계화를 이끌 기름 오타니 쇼헤이
12  오타니 쇼헤이 커리어 타임라인

## Boyhood 1994-2012

18  01 잠자는 게 특기인 아이
24  02 160km/h 투수도 오르지 못한 고시엔 정상
30  03 이도류 오타니의 탄생

## NPB 2013-2017

38  01 MLB 직행이 아닌 닛폰햄을 선택한 이유
44  02 이도류 오타니 완성 과정
50  03 투수 오타니 VS 타자 오타니
56  04 전환점이 된 프리미어12 한국전

## NPB ▶ MLB 2017-2018

64  01 오타니가 오기 전의 LA 에인절스
70  02 LA 에인절스의 오타니 영입 막전막후
80  03 Hi! My name is Shohei Ohtani.

## MLB 2018-PRESENT

86   01 2018 | '빅리거' 오타니의 시작
96   02 2019 | 이도류를 내려놓고 타자에 전념하다
102  03 2020 | 코로나19로 인한 단축 시즌, 아쉬운 성적
106  04 2021 | 역사를 다시 쓴 남자
124  05 2022 | 도전자로 돌아간 오타니
142  06 2023 | OHTANI IN WBC
148  07 2023-2024 | 오타니, 7억달러 시대를 열다

156  에필로그: 새로운 시대, 새로운 야구, 새로운 선수

# Boyhood
## 1994-2012

오타니 쇼헤이는 아버지 오타니 도오루 씨의 지도 아래 야구를 시작했다. 아버지는 아들에게 세 가지 야구 원칙을 가르쳤다고 전해진다. 큰소리를 내며 활기차게 플레이할 것, 캐치볼을 열심히 집중해서 할 것, 항상 전력 질주할 것. 오타니는 성장기 야구 소년 시절은 물론 프로가 된 후에도 그 원칙을 철저하게 지키며 성장과 발전의 토대로 삼고 있다.

> "쇼翔라는 글자에는 날다는 뜻이 있고, 헤이平는 평평하다, 고르다는 뜻이다. 즉, 쇼헤이라는 이름에는 '명성을 떨치더라도 특별하지 않고 평온하게 살아가기를 바라는 마음'이 깃들어 있다.
>
> 오타니 도오루 오타니 쇼헤이의 아버지

# 01

# 잠자는 게 특기인 아이

1994년 7월 5일, 일본 이와테현 미즈사와시(현 오슈시)에서 3남매 중 막내로 태어난 오타니 쇼헤이. 아초 아버지인 도오루 씨가 생각한 이름은 쇼헤이(翔平)가 아니라 쇼(翔)였다고 전해진다.

> 내가 쇼라는 글자를 좋아했는데, 아내에게 어떤지 물으니까 괜찮은 것 같다고 했다. 그래서 처음에는 쇼라는 외자로 이름을 지을 생각이었다. 그런데 생각해보니 내 이름도 도오루(徹)라는 외자여서 그게 좀 불만스러웠던 적도 있었고, 먼저 태어난 두 남매도 이름이 두 글자인데, 혼자만 외자가 되어버리면 조금 이상한 것 같아 두 글자로 다시 정했다. 쇼(翔)라는 글자에는 날다는 뜻이 있고, 헤이(平)는 평평하다, 고르다는 뜻이다. 즉, 쇼헤이라는 이름에는 '명성을 떨치더라도 특별하지 않고, 평온하게 살아가기를 바라는 마음'이 깃들어 있다.

아버지인 도오루 씨는 프로 유니폼까지는 입지 못했지만 미쓰비시중공업 사회인야구팀에서 뛰었고, 어머니인 가요코 씨 또한 배드민턴 선수로 활동했다. 오타니는 부모가 운동선수 출신인 만큼 어릴 때부터 운동에 익숙한 환경 속에서 자랐다. 초등학교 2학년 때부터 본격적으로 야구를 시작했다. 그 전까지는 어머니의 영향을 받아 배드민턴과 수영 등 여러 종목을 배우던서 야구를 시작하기 위한 몸을 만들었다고 한다.

### 성장기에는 기술보다 발육

오타니가 미즈사와 리틀야구팀에서 야구를 시작한 뒤로 중학교 때까지 아버지 도오루 씨는 팀의 코치나 감독을 맡았다. 도오루 씨는 신장이 182cm로 꽤 큰 편이었지만 파워가 좀 부족해 사회인야구팀에서 선발로 출장하면 주로 1, 2번 타자를 맡았다. 다소 이른 나이인 25살 때 현역 생활을 은퇴한 데다가, 프로 스카우트의 주목을 받지 못한 것은 체격과 힘게 부족함이 있었다고 생각했다.

**체격이 더 크지 못한 것은 초등학교나 중학교 때 너무 많이 연습한 게 원인이 됐다고 돌아봤다. 자식은 그런 상황을 되풀이하지 않게 해주고 싶었다.**

미즈사와 리틀야구팀은 일주일에 연습을 대개 2차례 정도만 소화했다-. 많으면 3차례도 했지만, 거의 대부분은 이틀이었다. 오타니는 중학교에 진학해서도 중학 엘리트 야구부가 아닌 리틀야구의 연장선상에 있는 이치노세키 시니어팀에 들어갔다. 여기서도 연습은, 주중에는 2시간 정도, 주말에는 식사와 휴식 시간을 포함해 10시간이 넘지 않았다고 한다. 몸이 성장하는 유소년 시기에는 기술 연습보다는 적절한 휴식이 필요하다고 생각했기 때문이다. 적절한 휴식과 관련해 어머니인 가요코 씨는 "어릴 때 오타니는 잠자는 게 특기였다"라고 회상한다.

**유치원이나 초등학교 저학년 때까지로 생각하는데, 학교에서 돌아온 후에 친구랑 밖에 놀러 나가 저녁 무렵 집에 돌아오곤 했다. 그러고는 체력을 모두 소비해버린 듯이 소파에 쭉 뻗어 잔 적이 종종 있었다. 저녁 먹을 시간이 되어 아무리 깨워도 일어나지 않아 아버지가 그대로 침실로 안고 가기도 했다. 그렇게 저녁부터 아침까지 푹 자는 게 일주일에 여러 차례나 있었다.**

이것은 중학생이 되어서도 역시 마찬가지였다. "일찍 잠자리에 들었다. 야구 연습이 없는 날에는 밤 9시에는 꿈나라에 빠져들었다." 어머니 가요코 씨의 말이다. 충분한 수면과 휴식은 어린이의 발육에 반드시 필요한 요소다. 그것이 장래 오타니의 건장한 체격으로 이어진 것이다.

## 오타니의 밑바탕이 된 아버지의 가르침

사실 아버지와 아들이 같은 팀에서 지도자와 선수의 관계를 형성하는 것은 장점보다는 단점이 많다. 아버지든 아들이든 인간인 이상 인정에 쏠릴 수밖에 때문이다. 이것에 대해 오타니는 다음과 같이 말한다.

> 아버지는 중학교 때까지 쭉 코치나 감독이었으므로, 집보다는 운동장에서 함께 보내는 시간이 더 많았다. 다만 감독이나 코치는 팀 전체를 봐야만 하므로 아들이라고 해서 특별히 생각해서는 안 된다. 그렇기에 나 역시 아버지가 아니라 지도자로 생각하고 대했다. 내가 아버지의 입장이었다고 해도 감독이라면 그렇게 했을 것으로 생각하는 바가 있다.
> 또래의 다른 아이들이 자식과 엇비슷한 실력이라면 자식이 아닌 다른 아이를 선수로 경기에 내야만 한다고 생각했다. 자식인 내가 경기에 나가기 위해서는 압도적인 실력을 갖춰야 한다고 생각했다. 팀원 모두가 받아들일 수밖에 없는 확실한 실력이어야만 했다. 어린 나였지만 그 당시 나는 그렇게 생각했다.

당시, 아버지가 아닌 지도자로 도오루 씨가 선수 오타니에게 항상 강조한 것이 세 가지 있다. 첫째는 '큰소리를 내며 활기차게 플레이할 것'이다. 여기서 큰소리를 내는 것은 아무 때나 그렇게 하라는 것이 아니다. 경기 중에 다음 플레이를 위해 아웃카운트나 볼카운트 등을 큰소리를 내며 서로 확인하는 것이다. 또한, 상대 선수의 타구 방향 등에 대해 서로 이야기를 나누며 수비 위치를 확인한다. 요컨대, 동료와의 빈번하고 활기찬 소통을 요구한 것이다.
둘째는 '캐치볼을 열심히 집중해서 할 것'이다. 단순히 경기나 연습 전에 어깨를 푸는 캐치볼이 아니라 자기가 의도한 곳에 정확하게 던지게끔 했다. 이것의 목적은 안정된 제구력과 공의 회전에 대한 이해도를 높이는 데 있었다.
셋째는 '항상 전력 질주할 것'이다. 아웃 당할 것이 분명해 보이는 평범한 뜬공이나 땅볼을 치더라도 1루까지 전력 질주하는 습관이 들도록 했다. 이에 오타니는 타격 후 주루만이 아니라 수비에서도 전력으로 공을 쫓아갔다. 이 전력 질주는 필드에서 항상 집중하고 최선을 다하는 플레이로 이어졌다. 이 3가지 강조점에 대해 오타니는 다음과 같이 말한다.

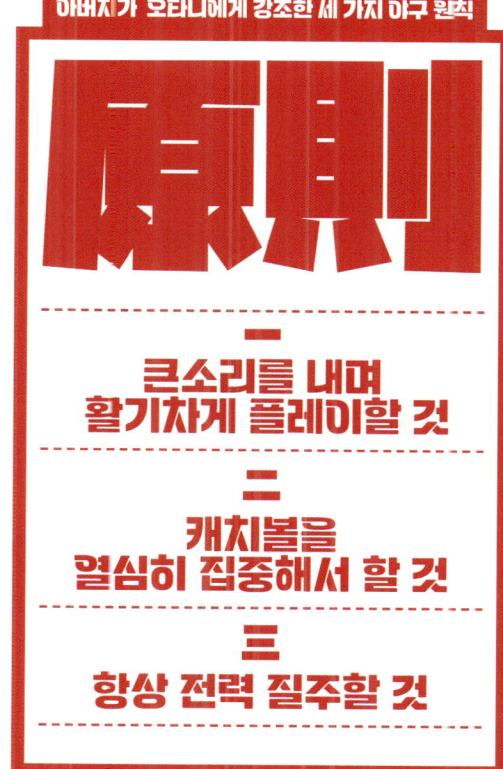

**아버지가 오타니에게 강조한 세 가지 야구 원칙**

一
큰소리를 내며
활기차게 플레이할 것

二
캐치볼을
열심히 집중해서 할 것

三
항상 전력 질주할 것

이 세 가지 가르침은 야구에서 매우 기본적인 것이지만 프로 선수가 된 지금도 기억하고 있다. 그것들은 어느 레벨에서나 통용되는 말이라고 생각한다. 특히, 전력 질주는 그 자체로도 의미가 있지만 그것을 힘써 노력하는 자세도 상징적인 의미가 있다고 본다.

사실 오타니가 '우투좌타'가 된 배경에는 야구 경기에서 왼손 타자가 유리하기 때문이 아니다. 그에게 야구를 가르친 아버지 도오루 씨가 왼손 타자였기 때문에 그 영향을 받은 것이 더 크다. "내가 왼손 타자여서 처음부터 오타니를 조금이라도 쉽고 효율적으로 가르칠 수 있도록 왼손 타자로 정했다. 만약 내가 오른손 타자였다면 오타니도 오른손 타자가 됐을 것이다. 타격에서 강조한 것은 몸쪽 공은 우측으로, 바깥쪽 공은 좌측으로 치게끔 했다. 이렇게 공의 방향에 맞춰 치게 한 것은 변화구 대처 능력도 길러주고 싶었기 때문이다." 아버지 도오루 씨의 말이다.

## 02   160km/h 투수도
## 오르지 못한 고시엔 정상

초등학교 시절부터 투타에서 맹활약한 오타니는 동북지방에서는 이미 야구계에서 꽤 유명한 존재였다. 투수로는 빠른 공을 던지고, 타자로는 힘과 정확성, 그리고 빠른 발을 자랑하는 오타니를 주목하지 않는다는 게 오히려 더 이상한 상황이었다. 오타니 한 선수만 잡아도, 팀의 에이스와 4번 타자 자리를 동시에 해결할 수 있기 때문이다. 실제로 중학교를 졸업하고 고등학교 진학을 앞뒀을 때는 여러 팀에서 스카우트 제의가 들어왔다. 아버지 도오루 씨는 "이와테현에 있는 학교들뿐만이 아니라 다른 현의 고고팀에서도 제의가 있었다"라고 밝혔다. 그런 스카우트 전쟁 속에서 오타니는 하나마키 히가시 고교를 선택한다. 이 결정에는 기쿠치 유세이라는 존재가 크게 작용했다. 2009년 일본 고교야구계 최고의 스타는 하나마키 히가시 고등학교의 왼손 에이스 기쿠치 유세이였다. 그는 팀을 봄 고시엔 대회 준우승· 여름 고시엔 대회 4강으로 이끌었다. 당시 중학교 3학년이던 오타니는 마운드 위에 서 빠른 공으로 타자를 윽박지르는 기쿠치의 호쾌한 투구에 매료됐다.

| 1학년 16세 | 2학년 17세 | 3학년 18세 |
|---|---|---|
| **147** km/h | **150** km/h | **160** km/h |

오타니의 고교시절 최고구속 변화

---

기쿠치 선배를 보며 이와테현에도 이런 대단한 선수가 있구나! 그런 생각을 했다. 기쿠치 선배 같은 선수는 오사카나 요코하마처럼 강팀이 즐비한 지역에서 나온다고 생각했다. 그런데 그런 선수가 이와테에도 있었다. 전국적으로 주목받는 괴물 같은 선수가 이와테에서 나온 것을 한 번도 본 적이 없었으니까, 동경의 대상이었다.

이것에 대해서는 하나마키 히가시 고교의 사사키 히로시 감독의 생각 역시 마찬가지다.

오타니가 기쿠치 등 여러 선수들의 활약을 중학교 3학년 때 본 게 컸다고 생각한다. 이와테현이 야구에 열광하고 지역 주민 모두 하나가 되어 응원하는 것을 오타니는 직접 눈으로 보고 피부로 느꼈다. 만약 이런 분위기가 없었으면 오타니는 다른 현의 고교로 진학했을 것으로 생각한다.

### 당장보다는 미래를 내다본 사사키 감독

사실 오타니가 하나마키 히가시 고교를 선택한 데는 기쿠치의 활약만큼이나 중요한 것이 있었다. 바로 사사키 감독의 계획이 마음에 들었기 때문이다. 사사키 감독은 기술 발전을 통한 당장의 성적보다 몸과 마음의 성장을 중시하는 지도자다.

부상 치료나 재활도 중요하지만 요즘은 예방의 시대다. 다른 선수도 마찬가지이지만 오타니는 입학한 후 곧바로 신체검사부터 했다. 신체의 기능이나 증상 등을 확인하면서 3년간 육성 플랜을 짜려고 한 것이다. 그런데 오타니는 성장판이 열려 있어 몸이 계속 자라고 있다는 검사 결과가 나왔다. 몸이 계속 자라고 있는 상황이니까 과도한 스트레스를 받지 않도록 의사와 트레이너와 상의해서 육성 방침과 트레이닝 방식을 세워나갔다.

사사키 감독은 선수들에게 자신의 목표 설정과 관련한 만다라트 계획표를 짜게끔 한다. 고교에 갓 입학한 오타니는 큰 목표는 3가지였다. 첫째는 '160km/h의 속구를 던지는 것'이고, 둘째는 '고시엔 대회에서 우승하는 것'이며, 그리고 셋째는 '최소 8개 구단으로부터 지명받는 것'이다. 이 가운데 고시엔 대회 우승과 8개 구단 지명은 기쿠치와 관련이 있다. 6개 구단에 1순위 지명된 기쿠치가 오르지 못한 우승의 꿈을 자신이 이루겠다는 것. 선배인 기쿠치를 뛰어넘는 선수가 되겠다는 목표를 세운 것이다. 사사키 감독은 자신의 계획을 착실히 밟아 나가면 오타니 본인의 목표인 160km/h는 꿈이 아닌 현실이라고 생각했다.

아직 몸이 자라고 있으니까 과도한 트레이닝이나 기용은 피해야 한다. 투수로서는 갓 입학했을 때는 평균 130km/h 중반대였는데, 그 당시 팀 내에서 가장 빠른 공을 던지는 투수였다. 그렇기에 승리만 생각하면 곧바로 마운드에 올리고 싶은 심정이었다. 하지만 오타니의 장래를 생각하면 그렇게 할 수는 없었다. 그래서 투수가 아닌 외야수로 기용했다. 하반신을 착실히 단련한 후, 투수로 기용하기로

 2경기 14.1이닝 14탈삼진 16볼넷 3.77평균자책

 2경기 6타수 2안타 .333타율 1홈런 1도루

甲子園

**다소 평범했던 오타니의 고시엔 성적**

했다. 엘리베이터처럼 급상승을 기대하는 게 아니라 몸과 인격적인 성장이라는 원만한 오름세라는 토대를 닦는 게 우선이라고 봤다. 그런 토대가 완성되면 언젠가 160km/h는 반드시 나온다고 믿어 의심치 않았다.

### 꿈의 160km/h, 그러나······

사사키 감독의 믿음처럼 착실히 토대를 만든 오타니에게 역사적인 순간이 찾아온다. 2012년 7월 19일 여름 고시엔 대회 이와테현 지역예선 준결승전에서 목표 구속 160km/h를 기록한 것이다. 이것은 일본 아마추어 선수로는 처음 달성한 기록이다. 6회 2사 3루 상황에서 상대 타자에게 던진 6구째 공이 구장 스피드건에 160이라는 숫자를 찍었을 때 관중석은 함성이 울려 퍼졌다. 게다가, 이날 49구의 속구 가운데 150km/h 이상을 던진 공은 무려 40구였다. "던진 순간은 스피드건을 안 봐서 몰랐다. 고교 마지막 대회라서 주자가 있는 위기 상황을 넘길 수 있어 다행이라는 느낌이었다." 팀의 승리를 우선한 것이다. 그 순간 오타니에게 구속은 중요하지 않았다. 더그아웃으로 돌아온 후에, 팀 동료로부터 160km/h가 나왔다는 이야기를 들었다고 한다.
당시 배터리를 이뤘던 포수 사사키 류키는 그 순간을 이렇게 회상한다.

초구(157km/h)를 봤을 때, 섣불리 변화구를 던져 맞는 것보다 속구로 승부하는 게 낫다고 생각했다. 아마 오타니 역시 그렇게 생각했을 것이다. 마지막 공은 살짝 낮게 들어왔다는 느낌도 들었다. 평소라면 낮다고 느끼면 그대로 낮게 들어와 볼로 선언됐다. 그런데 그 공은 마지막에 훅 떠오르듯이 미트에 들어왔다. 공을 받았을 때는 4구째인 159km/h가 더 빠르게 느껴졌다. 다만 마지막 공은 구속과는 관계없이 확실히 구위가 남달랐다.

오타니는 목표인 160km/h를 달성하며 기분 좋게 팀을 결승으로 이끌었다. 하지만 결승전에서는 수비 실책 등이 빌미가 돼 패배하며 고시엔행 버스는 출발조차 하지 못했다.

고시엔에 가겠다는 열망으로 가득했는데, 마지막의 마지막 경기에서 패배해 너무 분했다. 지역 결승에서 졌을 때는 처음엔 실감이 나지 않았다. 며칠 지난 후, 2학년 중심으로 연습하므로 매일 해온 연습을 하지 않게 됐다고 느껴지자 '아, 모든 게 끝났구나!'라고 생각했다.

봄 고시엔 대회에서는 라이벌 후지나기 신타로에게 완패하며 첫 경기만에 보따리를 쌌던 오타니에게 고시엔은 '넘사벽'이었다. 2학년 때 여름 고시엔 대회에 첫 출장했을 때도 팀은 패배. "나는 고시엔에서 단 한 번도 이긴 적이 없었다. 진 기억, 분한 기억밖에 없다." 160km/h라는 목표를 달성한 오타니에게 고시엔은 신기루와 같은 곳이었다.

# OHTANI SHOHEI MANDALART

| | | | |
|---|---|---|---|
| 2-2 손목 강화 | 2-3 하체 주도로 던지기 | 2-4 가동역 EXCURSION | 3-2 체중 증가 |
| 2-1 위에서 공을 재서 던지기 | **2-0 구위** | 2-5 회전수 증가 | 3-1 하체 강화 |
| 2-8 각도 만들기 | 2-7 힘을 너무 직여 던지지 않기 | 2-6 공을 앞에서 릴리스 | 3-8 디딤발로 회전해서 던지기 |
| 1-2 중심축이 흔들리지 않게 유지 | 1-3 불안 없애기 | 1-4 멘탈 컨트롤 | **2 구위** |
| 1-1 몸통 강화 | **1-0 제구** | 1-5 몸을 앞쪽 열지 않기 | **1 제구** |
| 1-8 인스텝 개선 | 1-7 릴리스 포인트 안정 | 1-6 하체 강화 | **8 몸 만들기** |
| 8-2 프론트 스쿼트 90kg | 8-3 레머 스쿼트 130kg | 8-4 식사 저녁 7그릇 아침 3그릇 | 7-2 머리는 차갑게 심장은 뜨겁게 |
| 8-1 영양제 먹기 | **8-0 몸 만들기** | 8-5 가동역 EXCURSION | 7-1 일희일비 하지 않기 |
| 8-8 몸 관리 | 8-7 유연성 | 8-6 스태미너 | 7-8 뚜렷한 목표 목적 |

# 오타니의 만다라트 계획표

**중앙 목표 (0):** 8구단 드래프트 1순위

## 만다라트 차트

| | 몸만들기 | 제구 | 구위 |
|---|---|---|---|
| **몸만들기** | 7-7 위기에 강해지기 / 7-6 기복 없애기 / 7-5 승리에 대한 집념 / 7-3 분위기에 휩쓸리지 않기 / **7-0 멘탈** / 7-4 동료를 배려하는 마음 | | 3-3 어깨주변 강화 / 3-4 하체주도 / **3-0 스피드 160 km/h** / 3-5 라이너로 강하게 캐치볼 하기 / 3-7 몸통 강화 / 3-6 가동력 EXCURSION |
| **멘탈** | | **0: 8구단 드래프트 1순위** | |
| **인간성** | 6-6 예의 / 6-7 배려 / 6-8 감성 / 6-5 신뢰받는 사람 되기 / **6-0 인간성** / 6-1 사랑받는 사람 되기 / 6-4 지속력 / 6-3 감사 / 6-2 계획성 | 5-5 응원받는 사람 되기 / 5-4 독서 / **5-0 운** / 5-3 심판을 존중하는 자세 / 5-6 긍정적 사고 / 5-7 야구 용품을 소중히 다루기 / 5-8 인사하기 / 5-1 쓰레기 줍기 / 5-2 야구부실 청소 | 4-5 스트라이크에서 볼로 던지는 제구 / 4-6 속구와 같은 폼으로 던지기 / 4-7 낙차가 크고 느린 커브 / 4-3 좌타자 상대 결정구 / **4-0 변화구** / 4-1 포크볼 완성 / 4-4 피칭터널을 이미지해서 던지기 / 4-2 슬라이더 구위 향상 / 4-8 스트라이크 던는 구종 늘리기 |

## 세부 목표 (중앙 블록 주변 8개)

- **3** 스피드 160 km/h
- **4** 변화구
- **5** 운
- **6** 인간성
- **7** 멘탈
- 몸통 강화
- 인간성
- 변화구

---

오타니는 학창시절부터 두렷하고 구체적인 목표를 세우고 자신을 단련해온 것으로 유명하다. 인터넷에서 그의 이름을 검색하면 계획표, 목표, 만다라트 같은 낱말들이 연관 검색어로 나온다. '만다라트'는 사방팔방으로 끝없이 뻗어나가는 아이디어를 다양하게 발상하는 기법이다. 일본의 마쓰무라 야스오가 개발했으며, 이미지로써 히든이야기가 발전시킨 것으로 전해진다. 이 연꽃 사고 기법에 사용되는 차트는 불교의 만다라 형태와 유사하다고 하여 '만다라트(Mandala-Art)' 혹은 '만다라트 차트(Mandala Chart)'라고 불리운다. 오타니는 고교 입사 시사기 감독을 자신하기, 부모 오구루 의 자신 계획표를 작성하여 이 계획표 두 해 이 계획표를 작성하기, 부모 오구루 의 자신 계획표를 작성하여 이 계획표를 거쳐에 넣었으며 꾸준히 목표에 다가서 가슴으로 사용했다.

03 **이도류 오타니의
탄생**

이도류. 오타니 쇼헤이를 상징적으로 나타내는 단어. 사실 일본 고교야구에서 투타 겸업 선수는 동네 편의점만큼까지는 아니더라도 복합 쇼핑몰만큼 쉽게 찾을 수 있을 정도로 많다. 다만 프로야구에서는 잠깐 투타 겸업을 한 사례는 있어도, 오타니처럼 꾸준히 하내며 그것도 높은 수준의 성공을 일궈낸 사례는 없다. 그런 오타니이지간, 고교 시절에는 자신도 프로 레벨에서 투타 겸업을 꿈꾸지는 않았다.

고등학교에서는 투수도, 타자도 했지만, 프로에서는 투수로만 전념하는 것을 당연하게 생각했다. 타자 오타니는 생각조차 없었다. 그래서 목표도 패스트볼 구속 160㎞/h이었지, 홈런 몇 개가 아니었다. 오타니는 투타 모두에서 재능이 뛰어났지만 사실 타격에 눈을 뜬 것은 고교 2학년 말이었다. 여름 고시엔 대회가 끝난 뒤, 사사키 감독은 오타니를 병원에 보내 정밀 검사를 받도록 했다. 대회 직전에 손상된 성장판을 세밀하게 살펴보기 위해서였다. 그런데 여전히 성장판 손상이라는 검사 결과가 나왔다. 투수 오타니는 당분간 휴업해야만 하는 상황이었다.

"가을 지역대회에서는 대타로 기용할 생각이었다. 한 경기에서 1타석 정도. 대타로 나갔는데 고의사구도 나올 수 있으니 1, 2루나 만루 상황에서 내보낼 수 있어서 경기 중에 대타 타이밍을 주의 깊게 살펴봤다. 그런 가운데 내년 봄 고시엔 대회 출장이 걸린 준준결승에서는 야수로 선발 출장시키려고 했다. 의사나 트레이너 등도 한 경기라면 문제가 없다고 해서, 오타니 아버님과 입학 후 처음으로 대화를 나눴다. 장래가 밝은 선수를 부상 속에서 기용하는 상황인지라 부모님과 상의할 필요가 있다고 생각했다. 야수로 선발 출장하는 것은 괜찮을지 아버님에게 의견을 묻자, 감독님께 아들을 맡긴 것이니 마음껏 써달라는 대답이 돌아왔다. 정말 고마운 말이었다." 사사키 감독의 이야기다.

## 전화위복 속에 탄생한 이도류

오타니는 시즌이 끝난 뒤, 내년을 위해 투구는 봉인하기로 했다. 고교야구가 오타니의 긴 야구 인생에서 결승점이 아니라 통과점이라고 판단했기 때문이다. 오타니는 "그 당시 괴롭다고 생각한 적은 한 번도 없었다. 해야 할 게 많았으니까. 봄 고시엔 대회에 출장할 가능성도 있어, 그때까지 확실하게 몸을 만드는 데만 열중했다"라고 얘기했다. 투구가 금지된 대신 타격은 OK. 부상 직후도 그랬지만 타격할 때는 별다른 통증이 없어 겨우내 타격 연습에 힘을 쏟았다. 애초 타격 재능도 뛰어난 데다가, 타격 연습에 열중한 만큼 결과도 확실하게 나왔다. 사사키 감독은 "동계 훈련을 거친 후 오타니의 타격은 크게 향상했다"라고 말한다.

오타니 스스로도 그랬지만 저도 그전까지는 '투수 오타니'밖에 생각하지 않았다. 만약 투수로 3년간 순조롭게 성장했다면 '타자 오타니'는 나오기 어려웠을 것으로 생각한다. 봄 고시엔 대회를 앞두고 연습 경기 등에서 오타니의 타격을 보는데 '저만큼 타구를 띄울 줄 알았나' 하는 생각이 들 정도로 외야 펜스 너머로 펑펑 날려 보냈다. 결국, 부상 이후 투구 금지와 함께 타격 연습에 열중한 게 '타자 오타니'의 기초를 만들었다고 생각한다.

봄 고시엔 대회에서 라이벌 후지나미 신타로에게 홈런을 때려내는 등 빠른 배트 스윙과 파워를 앞세워 고교 통산 56홈런(연습 경기 포함)을 때려냈다. 타격에서 비약적 향상을 나타냈다고 해도, 프로에서 오타니는 타자가 아닌 투수였다. 그런 오타니가 투타 겸업이라는 미지의 길에 도전하게 된 시작점은 어머니의 바람이었다.

한국에서 청소년 국제대회를 치르고 돌아온 후, 앞으로의 진로와 관련해 오타니와 잠깐 이야기를 나눴을 때다. 야구에 관해 잘 모르지만, 단지 아들이 던지는 것도, 치는 것도 다 좋아하는 것을 떠올리며 프로에 가서는 둘 다 할 수 있는지 무심코 물었다. 그때 오타니는 설마 무리일 거라고 대답했다. 솔직히 투수로는 160km/h를 던지며 목표를 달성했지만 타격에서는 제 기량을 다 발휘해보지 못한 것 같아 아쉬움도 있었다. 그런데 입단 교섭권을 가진 닛폰햄이 이도류를 이야기해 내심 기뻤다.

## 미지의 길로 도전에 나선 오타니

닛폰햄 파이터스에서 오타니의 투타 겸업을 고려한 것은 언제부터였고 어떤 근거에서 출발했을까. 야마다 마사오 당시 닛폰햄 GM은 "드래프트 전부터 가볍게 이야기를 주고받았다"라고 말한다.

개인적으로는, 타자로는 1~2년 안에 주전 자리를 꿰찰 것으로 생각했다. 반면, 투수로는 좀 시간이 걸릴 것으로 내다봤다. 그때는 그렇게 생각했다. 그런 가운데, 드래프트 직전에 구리야마 히데키 당시 감독이 '오타니는 투수와 타자 중에 어느 쪽이 적합하다고 생각하시나요?'라고 물었다. 그때 나는 '어느 쪽이든 괜찮을 것 같다'라고 대답했더니, 구리야마 감독이 반 농담으로 '이도류네요'라고 한 게 이도류 오타니의 탄생 계기라고 할 수 있다.

구리야마 감독은 "이도류라는 말은 대화 중에 자연스럽게 나왔다"라며 다음과 같이 덧붙인다.

현장에서는 투수와 타자 둘 다 할 수 있으니까 이도류라고 했다. 그러면서 나도 야마다 GM도 '해봅시다', '될 겁니다' 그렇게 의기투합했다.

이처럼 GM과 감독의 대화 속에 '이도류 오타니'가 탄생했지만, 애초 스카우트팀의 평가는 달랐다. 오우치 다카시 당시 스카우트 팀장은 "내부 평가는 '투수 오타니'가

아닌 '타자 오타니'였다"라고 밝힌다.

3학년 봄부터 1순위 지명 후보로 판단했다. 다만 투수냐, 타자냐가 문제였다. 물론 투수로 좋은 재목인 것은 분명했다. 다만 공 자체는 빨랐지만, 몸이 제대로 만들어지지 않은 것도 있어, 안정감이 없었다. 타자로는 힘과 정확성, 그리고 빠른 발 등 5툴 플레이어로 강한 인상을 줬다.

반면, 당시 오타니의 프로행에 있어 닛폰햄의 가장 강력한 대항마였던 메이저리그 LA 다저스의 생각은 '투수 오타니'였다.

내가 오타니를 처음 본 것은 1학년 때인 2010년 4월 연습 경기였다. 오타니는 4번타자 겸 우익수로 출장했다. 백스탑에서 경기를 지켜보는데 대기 타석에서 스윙을 하는 모습만 봐도 센스가 발군이라는 생각이 들 정도로 눈에 띄었다. 그리고 1루로 뛰는 모습도 밸런스가 좋았다. 그런데 우익수로 3루에 송구할 때가 있었는데, 그 송구를 보고 '무조건 투수'라고 생각했다. 부드러운 어깨와 던지는 각도를 보고 깜짝 놀랐다. 고지마 게이이치 당시 다저스 스카우트의 말이다.

흥미로운 것은 LA 다저스든 닛폰햄 파이터스든 오타니의 최대 강점으로 뛰어난 운동능력과 향상심을 들었다. 고지마 스카우트는 "야구가 아닌 다른 종목의 선수가 되었어도, 올림픽 금메달을 땄을 것"이라고 강조한다. 오후치 스카우트 팀장은 "남다른 향상심이 눈에 띄었다. 어릴 때부터 경쟁 상대를 지역의 또래가 아닌 일본 전국의 유망주로 삼았고, 커서도 항상 더 높은 곳을 향해 나아가려는 도전정신이 있어 프로에서 무조건 성공할 것으로 봤다"라고 밝힌다.
어쨌든 오타니는 무조건적인 미국행을 추진하다가, 닛폰햄으로 급선회해 일본 프로야구에 데뷔하게 된다. 닛폰햄이 '이도류 오타니'를 제안했을 때, 오타니의 심정은 다음과 같았다.

투수와 타자, 둘 다 하는 것은 생각하지도 못한 획기적인 발상이었다. 그게 닛폰햄 입단을 결정하는 데 큰 부분이었다고 생각한다. 나로서는 전혀 다른 길을 선택한다는 기분이었다. 그때 바로 미국에 갔다면 타격은 하지 못했을 테니까.

누구도 가보지 않은 길. 오타니가 '이도류'로 닛폰햄 유니폼을 입고 일본 프로야구에 첫발을 내디뎠다.

# NPB
#### NIPPON PROFESSIONAL BASEBALL

## 2013-2017

오타니는 고교 졸업 후 메이저리그 직행 도전을 노렸으나, 자신을 1순위로 지명한 일본프로야구(NPB) 닛폰햄 파이터스에 입단하는 것으로 방향을 틀었다. 닛폰햄은 오타니가 야구선수로서, 성인으로서 그리고 투타 겸업 이도류 플레이어로서 성장하는 데에 있어 길잡이 역할을 해준 구단이었다. 단장, 감독, 코칭스태프, 동료 선수들 모두 오타니의 성장, 발전에 힘썼고 오타니는 성적과 결과로 보답했다. 말 그대로 윈윈이었다.

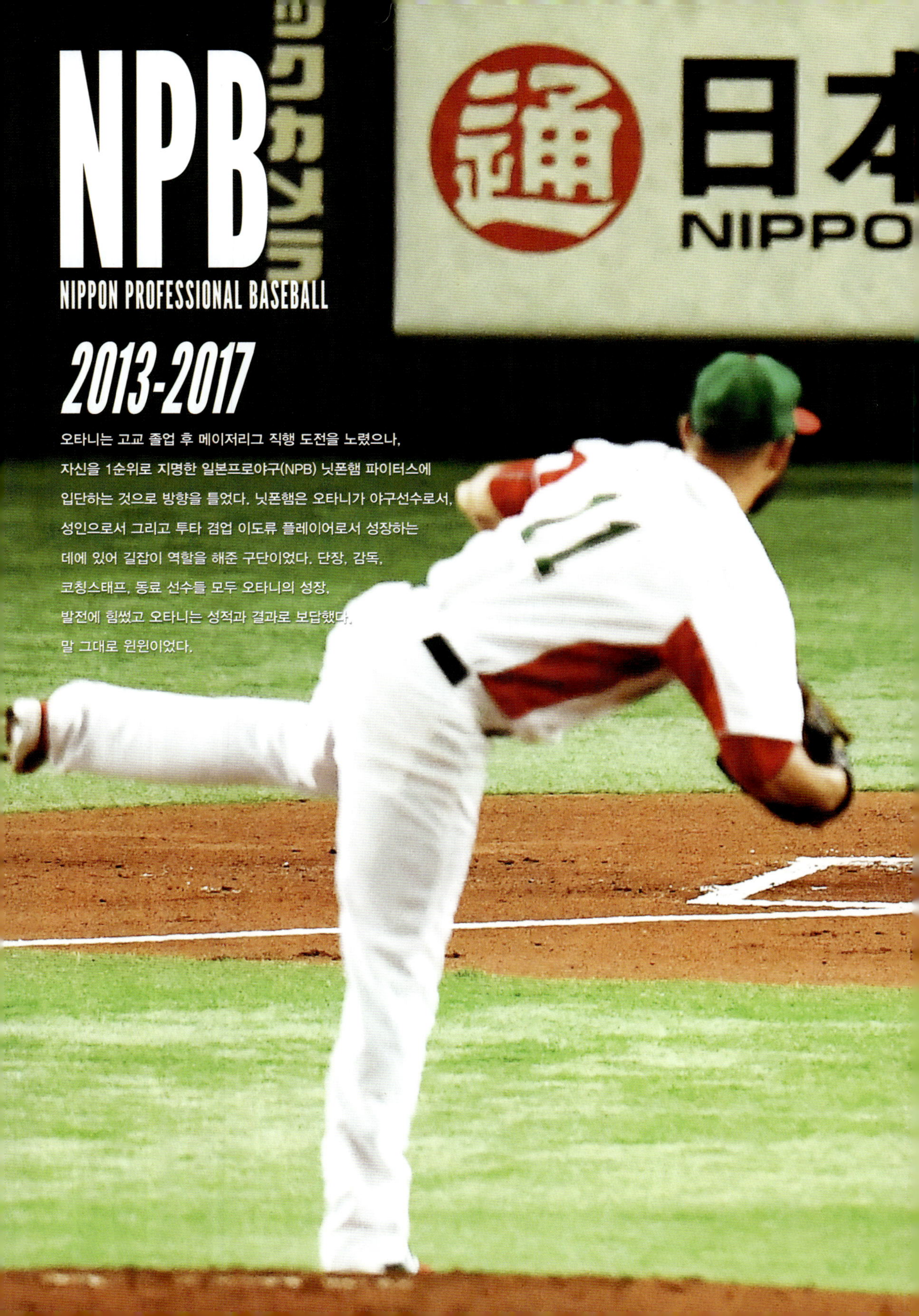

> 오타니가 던지는 것을 볼 필요는 없었다.
> 마음속에서 이미 능력 검증은 끝난 상태였으니까.
> 다만 던지지 않을 때 아무 것도 안 하고 쉬는 선수도 있으니,
> 오타니는 어떻게 보내는지 보고 싶었다.
> 가능하면 365일 모두 어떻게 하는지 보고 싶었다.
> 그렇게 하지 않으면 선수의 품성은 알 수 없으니 말이다.
>
> **고지마 게이이치** 고교 시절부터 오타니를 지켜본 메이저리그 스카우트

01

# MLB 직행이 아닌 닛폰햄을 선택한 이유

---

2012년 일본 프로야구 신인 드래프트 회의를 4일 앞둔 10월 21일, 오타니는 자신의 진로와 관련한 기자회견을 열고 다음과 같이 밝혔다.

> 미국에서 플레이하기로 결정했다. 처음부터 고교 졸업 후 곧바로 미국에 가고 싶은 꿈이 있었다. 젊을 때 가고 싶었다. 드래프트에서 어떤 결과가 나오더라도, 미국에 가고 싶은 마음이 강하고, 투수를 하고 싶다.

일본에서 신인 드래프트 1순위 지명이 확실한 고교생이 메이저리그 진출을 선언한 것은 처음이었다. 오타니 부모는 일본 프로야구를 거쳐 메이저리그에 도전하는 것을 권했지만, 오타니의 의지는 고교 졸업 후 곧바로 미국행이었다. 오타니는 당시의 심정을 다음과 같이 말한다.

> 도전하고 싶었고, 다른 사람들과 다른 성장과정을 밟았을 때 최종적으로 내가 어느 정도의 선수가 될 수 있을지 흥미가 컸다. 그때는 미국에 가고 싶다는 마음이 강했다.

### 메이저리그와 닛폰햄과의 오타니 쟁탈전

미국행에 대한 오타니의 강한 의지는 한 메이저리그 스카우트와의 인연이 투영된 결과였다. "프로야구 선수가 되고 싶어서 야구를 시작했으므로 고교 1학년 때는 메이저리그에 대한 관심이 전혀 없었다. 하지만 고교 3년간 처음부터 쭉 지켜봐 준 이가 메이저리그 스카우트라서, 그 점은 내게 큰 자신감이 됐다. 고시엔에 나가지 못했을 때부터 장래의 가능성을 엄청나게 높게 평가해 주셨다. 그런 분이 있는 곳에서 야구를 하고 싶다고 생각해, 미국에 가보고 싶어졌다. 그분이 없었으면 메이저리그에 가고 싶다는 생각조차 하지 않았을 것이므로 매우 감사하게 생각한다." 오타니의 말이다.

오타니가 언급한 '그분'은 당시 LA 다저스 일본 담당 스카우트였던 고지마 게이이치 씨다. 고지마 스카우트는 오타니가 막 하나마키 히가시 고교에 입학한 후 치른 연습 경기를 지켜본 뒤 열렬한 '오타니 마니아'가 됐다. 3년간 구단 경비의 80% 이상을 오타니의 경기를 보러 다니는 데 지출할 정도였다.

**오타니가 던지는 것을 볼 필요는 없었다. 마음속에서 이미 능력 검증은 끝난 상태였으니까. 다만 던지지 않을 때 아무것도 안 하고 쉬는 선수도 있으니, 오타니는 어떻게 보내는지 보고 싶었다. 1시간 연습하는 것을 보러 간 적도 있다. 가능하면 365일 모두 어떻게 하는지 보고 싶었다. 그렇게 하지 않으면 선수의 품성은 알 수 없으니 말이다.**

오타니는 고지마 스카우트에 대해 다음과 같이 말한다. "일본 스카우트는 좋을 때는 빈번하게 찾아온다. 하지만

가장 큰 이유는 프로 지망서(지원서)를 낸 시기에 있다. 오타니가 무조건 미국에 간다면 10월 15일까지는 내지 않을 것으로 생각했다. 10월 15일이 지나서 프로 지망서를 내면 일본 프로 구단이 지명할 수 없다. 그런데 오타니는 9월 19일이라는 이른 시기에 지망서를 냈다. 그 후, 이런저런 고민 끝에 드래프트 4일 전 미국에 가고 싶다고 말했는데, 그 과정을 보며 망설임을 느꼈다. 그 부분은 파고들 여지가 있다고 봤다.'

오후치 다카시 당시 스카우트 팀장은 "오타니의 미국에 대한 정보력 부재"에 주목했다.

오타니에게 메이저리그는 어느 구장을 가봤는지 물었다. 당연히 메이저리그의 어느 구장에 가서 가슴 뛰는 경험을 했을 것으로 생각했다. 그런데 아직 한 번도 직접 본 적이 없다는 대답이 돌아왔다. 정말 뜻밖이라 놀라면서도 어쩌면 오타니 자신은 미국 야구에 관한 정보가 거의 없는 게 아닐까 싶었다. 그렇다면 자료를 만들어 설득해보자는 생각이 들었다. 여러 가지 정보를 알게 된 상태에서도 미국에 도전할 각오가 그대로라면, 그것은 어쩔 수 없다고 생각했다.

### 꿈을 향한 길잡이, 닛폰햄

오후치 스카우트 팀장의 발상은 곧바로 26페이지에 이르는 '오타니 쇼헤이 군, 꿈을 향한 길잡이'라는 제목으로 정리된다. 이것을 11월 10일, 닛폰햄 구단은 오타니 부모에게 전달한다. 이 자료는 일본 고졸 선수가 외국에 진출했을 때의 성공 가능성 등을 언급하고 있다. 일본에서 드래프트 1순위가 유력한 고졸 선수가 미국에 도전한 사례가 없어 한국의 사례를 들어 이야기한다. 당시 고졸 선수가 마이너리그를 거쳐 메이저리그에서 활약할 확률은 한국과 일본을 통틀어 단 5.6%에 불과했다. 반면, 자국의 프로야구를 경험한 후 메이저리그에 도전해 활약한 확률은 69%에 이르렀다. 요컨대, 오후치가 만든 자료는 오타니가 꿈을 이루기 위해 어떤 과정을 밟는 것이 더 나은지를 역산해, 닛폰햄 입단 후 더 실력과 경험을 쌓아 메이저리그에 도전하는 게 현실적이라고 강조한다. 이 자료는 오타니의 마음을 움직이는 계기가 된다. 구리야마 히데키 당시 닛폰햄 감독은 다음과 같이 그때를 떠올린다.

좋지 않을 때나 다쳤을 때도 변함없이 찾아온 기는 고지마 스카우트뿐이었다. 매우 고마웠고 힘이 됐다. 나의 좋은 점도 나쁜 점도 모두 가장 잘 이해해 주고, 그걸로 평가해주는 분이었으므로, 그런 분이 있는 곳에서 야구를 하고 싶다고 생각했다."

오타니와 고지마 스카우트와의 끈끈한 유대감 속에 나온 '메이저리그 도전'. 강고한 철옹성을 앞에 두고서도 닛폰햄은 오타니에게 신인 드래프트에서 1순위 지명권을 행사한다. 지명 후 오타니는 "높이 평가해준 것은 감사하지만, 미국에서 하고 싶은 마음은 변함이 없다"라고 달하며 닛폰햄의 면담 요청에 응하지 않는다. 그런데 닛폰햄이 오타니의 1순위 지명을 강행한 이유는 무엇일까? 야마다 마사오 당시 닛폰햄 GM은 "영입 가능성이 있었기 때문"이라고 밝힌다. "오타니를 1순위 지명으로 결정한 오후치 팀장이 만든 자료에 대한 설명이 끝난 후, 나는 오타니 측에 서서 이야기를 꺼냈다. 내가 마이너리그나 메이저리그를 취재해오면서 느낀 점은 메이저리그에서 활약하기 위해서는 무조건 일본에서 실적을 쌓은 후 메이저리그 계약을 맺고 미국에 가야만 한다는 것이다. 좋은 평가를 받고 좋은 대우로 가지 않으면 일본인 선수는 좀처럼 활약하기 어렵다고 말했다. 나는 꼭 닛폰햄에 와달라는 말은 한 마디도 꺼내지 않았다. 오타니의 꿈을 이룰 수 있다면, 나라면 이렇게 할 것이라고만 이야기했다.

오후치 팀장이 만든 자료와 구리야마 감독의 경험에서 나온 말에 이어 오타니를 미국이 아닌 닛폰햄으로 기울게 한 것은 '이도류 오타니' 제안이다. 오타니는 누구도 해보지 않은 투타 겸업, 이도류에 대한 도전은 미국 도전 이상의 가치가 있다고 생각했다.

"지명된 뒤로도 메이저리그에서 해보고 싶은 마음이 강했으니까, 닛폰햄에 가지 않을 것으로 생각했다. 다만 닛폰햄 관계자들이 여러 차례 이와테까지 와서 이야기를 나누면서 닛폰햄에서 해봐도 괜찮겠다는 생각도 들었다. 구단의 열의, 구리야마 감독의 열의도 느껴졌으니까" 오타니의 말이다.

오타니의 꿈은 단순히 미국에서 야구를 하는 게 아니었다. 마이너리그가 아닌 메이저리그에서 뛰며, 슈퍼스타가 되고 싶은 것이었다. 그렇다면 지금 고교 졸업 직후 마이너리그로 가는 것보다 일본 프로야구에서 차근차근 '이도류'를 준비한 후 바로 메이저리그로 직행하는 것이 나을 것이라는 닛폰햄의 설득에 오타니도 고개를 끄떡이게 된다. 야마다 GM 역시 같은 생각이었다.

"처음부터 미국행에 대해 망설인 부분이 있었을 것이다. 그것이 오후치가 만든 자료나 구리야마 감독의 말을 듣고 생각해보니, 메이저리그에 바로 가는 게 어떤 의미인지 깊게 생각하게 됐을 것으로 본다. 우선 일본 프로야구에서 시작하자. 그것은 꿈을 포기하는 게 아니다. 꿈은 눈앞이 아닌 미래에 있으므로, 언젠가 그 꿈을 이루기 위해서는 우리 팀에서 하는 게 낫다고 진심으로 우리는 그렇게 생각했다. 어쨌든 '이도류' 제안이 결정적이었다.

오타니는 12월 9일 닛폰햄 입단을 공식 발표하고, 12월 25일 크리스마스에 입단 기자회견을 갖는다. 그 자리에서 오타니는 "투구든 타격이든 마지막 공 하나까지 포기하지 않고 플레이를 펼쳐, 고교 시절에 이루지 못한 일본 챔피언의 왕좌를 향해 나아가겠다"라고 힘차게 다짐한다. 등번호는 닛폰햄에서의 활약을 바탕으로 메이저리거가 된 다르빗슈 유가 달았던 '11번'. 프로에서 '이도류' 오타니는 그렇게 시작했다.

# 이도류 오타니 완성 과정

2013년 2월 1일, 오키나와에 있는 구니가미 야구장에 일본 전국의 이목이 쏠렸다. 닛폰햄 2군 스프링캠프가 열렸는데, 참가한 선수 가운데 등번호 '11번' 신인 선수도 있었다. 예년 같으면 한산한 곳이었지만 이날은 언론 기자와 방송 관계자, 그리고 팬들로 북새통을 이뤘다. 그런 뜨거운 관심 속에 캠프 첫날부터 오타니는 투수와 야수, 양쪽의 연습 일정을 동시에 소화했다. 불펜에서 투구 연습을 하는 듯했는데, 어느새 배팅 게이지에서 배트를 휘두르고 있었다. 오타니의 모습을 지켜보던 구리야마 히데키 당시 감독은 "1순위를 2명 뽑은 것 같다"라고 소감을 밝혔다.

"다들 투수와 타자 둘 다 하는 것은 매우 힘들다고 하는데, 단순히 연습을 2배로 하는 게 아니다. 트레이닝이라면, 투수와 야수 양쪽 모두 공통적인 메뉴를 일관되게 한다. 기술적인 부분은 투구에도 타격에도 있으므로, 그 두 가지를 모두 해야 하지만, 단순히 연습량이 2배로 크게 늘어나는 것은 아니다. 다른 분들이 생각하는 것 이상으로 효율성 있게 연습해 나가고 있다." 오타니의 말이다.

다만 전례가 없는 '이도류'인 만큼 시행착오도 일상다반사였다. 메인 그라운드에서 몸을 풀던 선수들은, 야수조는 남고 투수조는 구장 옆 서브 그라운드로 이동했다. 오타니는 야수조와 함께 남아 베이스 러닝을 시작하고, 이동한 투수조는 캐치볼에 들어갔다. 홈 플레이트에서 1루까지 뛰어가는 주루 연습이 끝나자, 오타니는 투수조가 있는 곳으로 발걸음을 옮겼다. 투수들은 캐치볼을 끝내고 수비 연습을 시작했다. 오타니는 혼자서 코치를 상대로 캐치볼을 하고 나서, 다시 메인 그라운드로 이동해 야수조와 함께 평고를 받았다. 그런데 오타니는 내야의 어느 포지션에 들어가야 하는지 몰라 허둥댔다. 그런 그의 모습을 코치는 물끄러미 지켜볼 뿐, 어떤 지시도 내리지 않았다. 결국, 오타니는 다른 선수들의 연습을 지켜보는 것으로 첫날 연습을 끝냈다. 오타니뿐만이 아니라 지도자들 역시 이도류를 실제 연습에 어떻게 적용해야 하는지, 알지 못해 당혹감을 숨기지 못하는 상황이었다.

### '투수 오타니'는 시간이 필요해

닛폰햄에 입단한 오타니가 '이도류'에 도전한다고 했을 때, 야구 해설가들을 중심으로 찬반양론이 첨예하게 맞섰다. 대부분이 "프로에서 성공하려면 투수와 타자 둘 중에 하나를 선택해 전념하는 편이 낫다"라며 이도류에 부정적이었다. 특히, "프로야구를 깔보는 게 아니냐"라는 극단적인 시각도 있었다. 그렇지만 구리야마 감독의 생각은 확고했다. 오타니 역시 "2가지 모두 하고 싶은 마음이 있으면 하는 편이 낫다. 그런 선수가 있어도 이상할 게 없다고 생각한다"라고 밝혔다. 스프링캠프에서 시행착오를 겪으면서도 오타니는 착실히 성장했다. 오타니 스스로는 "여기서 충분히 할 만큼 했다고 생각될 때까지는 2군에서 뛰고 싶다"라는 속내도 털어놨다.

하지만 구리야마 감독은 "오타니는 분명한 1군 선수다. 그만큼의 아우라가 있다"라며 1군 개막전 로스터에 올릴 뜻을 숨기지 않았다. 실제로 세이부 라이온즈와의 개막전에서 '8번타자 겸 우익수'로 출장한 오타니는 2안타를 때려내며 1군 선수임을 결과로 증명했다. 구단 역사상 개막전에 고졸 야수가 선발 출장한 것은 1959년 장훈(하리모토 이사오) 이래 54년 만이었다. "개막전은 나에게 특별했다. 전날부터 긴장과 불안에 휩싸이면서도 기대감에 들뜬 기분이었다. 첫 타석에서 루킹 삼진을 당한 것도 기억에서 지워지지 않는다." 오타니의 말이다.

세이부 선발 투수는 기시 다카유키. 2007년 데뷔해 2012년까지 5차례나 시즌 10승 이상을 거둔 퍼시픽리그를 대표하는 오른손 투수다. 첫 타석 초구는 몸쪽 속구로 스트라이크. 2구도, 3구도 잇따라 몸쪽 속구가 들어왔고, 오타니는 파울을 쳐냈다. 이어 4구째도 몸쪽 속구였고,

이도류를 제대로 해내는 데는
적지 않은 시간이 필요하다.
1, 2년으로는 무리다.
5년이든 10년이든 길게 보고 해봐야 한다.
프로야구에서는 무리라고 모두 입을
모으지만 처음부터 무리라고 한다면
모든 게 무리다. 해보지 않으면 알 수 없다.
어느 쪽을 선택할지,
아니면 마지막까지 이도류로 갈지,
이것은 야구의 신만이 결정하는 것이니까.
그 가능성이 있는 이상,
그것을 그와 함께 추구할 책임이
감독인 나에게도, 팀에도 있다고 생각한다.

구리야마 감독

그것을 가만히 지켜봤지만 주심은 스트라이크를 선언했다. 경기가 끝난 후 오타니는 첫 타석을 되돌아보며 "삼진을 당했지만 매우 즐거웠다"라고 소감을 밝혔다. 타자로는 부상도 있어 잠시 2군에 내려갔을 때를 제외하곤 줄곧 1군에서 선발로 나섰다. 하지만 투수 오타니는 좀처럼 1군 마운드에 모습을 드러내지 않았다. 투수로 첫 등판은 4월 11일 지바 롯데와의 2군 경기였다. 그리고 1군 마운드에 오른 것은 5월 23일 야쿠르트전이었다. 선발로 나와 승패 없이 5이닝 6안타 2실점. 삼진은 2개를 잡았다. 86구 가운데 속구는 64구. 그 가운데 43구가 150km/h 이상을 기록했다. 특히, 3회 2사 2루에서 2년 연속 홈런왕에 오른 블라디미르 발렌틴을 상대로 한 5구째는 157km/h까지 나왔다. 이것은 신인 투수가 첫 등판에 기록한 역대 최고 구속이다. 메이저리그 경력이 있는 기와무라

아키노리는 "구속만 보면 분명히 메이저리그 투수에게 뒤지지 않는다"라고 감탄했다. 다만 볼넷은 3개로 많은 수는 아니었으나 전반적으로 제구에 어려움을 겪는 모습이었다. '이도류'의 첫발을 내딛는 역사적인 경기였지만 '투수 오타니'의 과제도 남긴 결과였다.

### 끊임없는 향상심에 지배된 연습 벌레

사실 '투수 오타니'가 본격적인 궤도에 오르기 위해서는 시간이 필요하다는 것을 팀 내에서는 누구나 알고 있었다. 고교 3학년 때까지도 성장판이 열려 있어 키가 자라는 상황이라, 격한 트레이닝을 하기 어려웠다. 그런 만큼 몸 전체를 탄탄하게 만드는 데는 시간이 필요했다. 나카가키 세이치로 당시 트레이닝 코치는 경험한 적이 없는 이도류 트레이닝을 어떻게 해야 할지 골머리를 앓았다.

투수라면, 야수라면 무엇을 해야 할지 그 유형에 따라 명확하다. 그런데 투수를 하면서도 야수도 하는, 혹은 야수를 하면서 투수를 하는 선수는 어떻게 트레이닝 메뉴를 구상해야 할지 확신이 없었다. 그럴 때는 단순하게 생각하는 게 낫다고 판단해, 웨이트 트레이닝의 원리원칙에 따라 메뉴를 구상했다.

그렇기에 우선 오타니의 신체적 특징을 파악하고 나서 트레이닝 방식을 고민하기도 했다.

오타니는 키가 커서 몸이 두껍지 않고 얇게 보였다. 그런데 실제로는 꽤 몸이 단단했다. 야구 명문고 출신인 만큼 당연한 것일 수 있지만 말이다. 게다가 오타니 자신은 '더더욱 근력을 키우고 싶다'는 욕구가 있었다. 근력을 키운다고 해서 단순히 무거운 것을 들며 근육을 크게 늘리는 게 아니다. 근육의 수축 구조를 이해하면서 정확한 동작을 반복하는 것이 중요하다. 그런 점을 오타니에게 이야기했더니 꽤 흥미로운 눈초리로 날 바라봤다. 이후, 지시를 잘 따랐다.

체계적이고 꾸준한 몸 만들기가 빛을 발하기 시작한 것은 2014년이었다. 시즌 24경기에 나와 11승 4패, 평균자책점 2.61을 기록했다. 이어 2015년은 완전히 '투수 오타니'의 해로 만들었다. 다승왕과 승률왕, 그리고 평균자책점 1위에

오르며 투수 3관왕을 달성했다. 그런데 오타니가 투수 3관왕 이상으로 기뻤던 것은 데뷔 첫 개막전 투수였다. 구리야마 감독이 오타니에게 개막전 선발을 알린 것은 2월 20일 오키나와 캠프에서였다. 오타니가 개막전 선발을 기대하고 있다는 이야기를 들은 구리야마 감독이 편지를 보냈다.

**지금도 그 편지를 보관하고 있다. '맡긴다'는 말이 적혀 있는데, 감독님이 그렇게 말해준 것이 너무나도 기뻤다. 그전까지 경험한 적이 없는 개막전 선발은 나에게 긍정적인 효과를 준다고 생각했고 책임감을 갖고 던지겠다고 다짐했다.**

삿포로 홈에서 열린 3월 27일 라쿠텐과의 개막전 선발로 나선 오타니는 5.2이닝 1실점으로 호투하며 승리투수가 됐다. 그 기세를 이어 개막전 이후 6연승을 기록했다. "개막전에서 이겨 자신감이 생긴 것도 있지만 기술적으로 비시즌에 노력한 것을 봄철에 조정한 후 딱 좋은 타이밍에 개막전에 나설 수 있었던 게 연승의 요인으로 생각한다." 2015년만이 아니라 오타니는 매년 기술적으로 체력적으로 변화를 줬다. 시즌 중에 나온 과제를 비시즌 때 노력해 때로는 추가하고 때로는 제외하는 작업을 매년 반복했다. 이것이 오타니가 항상 성장하는 비결이다. "비시즌 때 노력한 게 정규 시즌 경기에서 발휘될 때도 기쁘지만, 연습 속에서도 잘 되는 순간을 느낄 때가 있다. 그런 때는 정말 기쁘다." 잘 되는 순간은 어느 날 갑자기 찾아온다. 야구뿐만 아니라 세상에 얼마만큼 하면 잘 된다는 기준은 없다. 그렇기에 결과는 하늘에 맡기고 지난한 노력의 과정이 필요하다.

**어느 날 갑자기 찾아오는데, 계속해서 하지 않으면 오지 않는다고 생각한다. 그렇게 하지 않으면 그 감각까지 도달하지 않는다. 하지만 계속해서 하고 있으면, 어느 날 갑자기 '이거다!'라는 게 나온다.**

오타니는 지속력을 갖추고 있는 것을 전제로 두고, "일종의 번뜩임과 같은 것도 중요하다"라고 말한다. "쉴 때도 '이런 식으로 해볼까'라고 문득 머릿속에 떠오를 때가 있다. 노트에 적을 때도 있지만 나는 그대로 트레이닝장이나 실내연습장에 가서 그 착상을 시도할 때가 잦다." 오타니는 다소 허황된 발상이라도 소홀히 하지 않는다. 무엇인가 연습 방식에 있어 도움이 될 듯한 요소가 떠오르면 트레이닝장이든 연습장이든 발걸음을 옮겨 시도해본다. 사람들은 오타니가 뛰어난 실력을 발휘하는 게 타고난 체격 조건과 재능이 있어 가능한 영역으로 생각하지만, 오타니 자신은 노력의 산물로 여긴다.

구단 숙소에 있으면 24시간 연습할 수 있는 환경이므로, 생각한 게 있으면 곧바로 가서 해본다. 방에서 어떤 영상을 보고, 그것을 시도해 보고 싶거나 해보고 싶다고 생각이 들면 바로 아래로 내려간다. 한다고 해도 5분이나 10분 정도로 끝난다. 그 기회를 놓치느냐, 놓치지 않느냐. 5분, 10분 아까워서 성장할 기회를 놓칠 수도 있다. 거기에 있었을 힌트가 어쩌면 1년 후에 올지도 모른다. 그래도 그 1년은 쓸데없이 보낸 시간이라고 생각하지 않는다. 다른 사람이 2년, 혹은 그 이상 걸릴 것을 1년 만에 한 것일 수도 있으니까. 물론, 체력을 우선해야 할 때는 충분히 숙면을 취한다. 내일은 이것을 해보자 그렇게 기대감에 들뜬 상태에서 자는 것도 좋아하니까. 기본적으로 어떤 발상이 떠오르면 곧바로 시도해보고 있다.

끊임없는 향상심과 노력. 거기에 오타니는 변화를 두려워하지 않는다. 어제의 성공에 만족하지 않고, 오늘 변화를 주고, 내일의 더 큰 성공을 이끌어낸다.

**아무것도 바꾸지 않는 것보다 무엇인가를 바꾸는 게 낫다. 아무것도 변하지 않는다면, 전년도와 같은 결과에 머물 가능성이 크다. 나는 계속 변화를 추구해 나가는 게 즐겁다. 이것이 좋았다, 이것이 나빴다. 그런 식의 반복이 흥미롭고 재미있다.**

'이도류' 오타니는 결코 하루아침에 만들어진 게 아니다. '이도류'를 위한 몸 만들기와 기술 연습 등을 하루도 빼먹지 않고 반복해 나가는 과정이 있었다. 게다가, 매일이 단순한 반복의 연속도 아니다. 훈련 가운데 떠오르는 발상을 소중히 여겨, 그것을 곧바로 시도해보고 좋으면 반복 과정에 넣는다. 거꾸로 반복 훈련 중 별로인 것은 과감하게 제외하고 넘어간다. 즉, '시도 → 수정 → 재시도 → 재수정……'이라는 끊임없는 정반합의 과정을 거친다. 그것을 통해 '투수 오타니'와 '타자 오타니'가 함께 성장해 '이도류 오타니'가 나온 것이다.

# 03

# 투수 오타니
# VS
# 타자 오타니

사실 오타니 이전에도 투타 겸업을 한 선수는 여럿 있었다. 일본에서는 가와카미 데쓰하루, 가게우라 마사루, 세키네 준조, 후지무라 후미오 등이 투타에서 주축 선수로 활약했다. 다만 이들은 일본 프로야구 초창기에 뛴 선수들이다. 즉, 야구가 아직 전문화·세분화되기 전에 활약한 '야구 역사에서나 볼 수 있는 인물들'이다. 물론, 현대 야구에서도 투타 겸업에 나선 선수를 찾아본다면 쿠명히 있다. 다만 그들은 일시적인 한때의 '경험'와 '유희' 수준이었다. 오타니는 시도나 놀이 차원이 아닌 투타 양쪽에서 높은 수준의 기량을 발휘하고 있다. 그 즈음에서 투타를 겸업한 다른 선수와는 차원이 다르다. 그런데 만약 오타니가 '이도류'를 하지 않고, 어느 한쪽에 전념한다면 '투수 오타니'를 선택해야 할까, 아니면 '타자 오타니'를 택해야 할까? 일본 프로야구에서 보낸 5년간의 성적을 토대로 그 부분에 대해 살펴보자.

### 165km/h를 던지는 '투수 오타니'

2013년 닛폰햄에 입단한 후, 오타니는 일본 프로야구에서 2017년까지 5년간 뛰었다. 투수로서의 통산 성적은 85경기에 등판해 543이닝을 던지는 동안 42승 15패, 평균자책점 2.52를 기록했다. 데뷔 첫 해(13경기)와 부상으로 5경기 출장에 그친 2017년을 제외한 3시즌에서 대략 22경기 안팎을 나왔다. 투타를 겸업했기 때문에 그렇게까지 눈에 '확' 띄는 통산 성적은 아닐 수도 있다.

그리고 이 5년간 오타니가 일본 최고의 투수였는가 묻는다면 그 역시 그렇지 않다. 2015년 다승과 평균자책점, 그리고 승률 1위에 올랐지만, 단 한 차례도 시즌 최고 투수에게 주어지는 사와무라상을 받은 적은 없다. 물론, 사와무라상은 많은 완투를 전제로 하기 때문에 '이도류' 오타니가 받기 어려운 측면도 분명히 있다.

어쨌든 통산 성적에서는 크게 두드러지지 않지만 세부 성적 등에서는 그 누구에게도 뒤지지 않는다. 특히, 탈삼진율과 WHIP(Walks Plus Hits Divided by Innings Pitched; 이닝당 출루허용률)가 그렇다. 통산 543이닝을 던지며 뺏아낸 삼진 숫자는 624개. 9이닝당 탈삼진율은 무려 10.34개. 이닝 수에서 크게 차이가 나지만 이 수치는 노모 히데오(10.31) 보다 많은 것이다. 다르빗슈 유는 8.87이었으며, 메이저리그에 진출하기 전까지 다나카 마사히로는 8.47이었다. 어쨌든 오타니는 한 이닝에 1개 이상의 삼진을 빼앗는 능력을 갖추고 있다는 것을 엿볼 수 있다.

여기에 통산 WHIP는 1.04로, 한 이닝에 1명의 주자를 내보내는 정도라는 것을 나타낸다. 오타니는 삼진을 많이 잡아내면서도 주자를 내보내지 않는 투수다. 일정 수준 이상의 제구와 함께 강력한 구위를 가지고 있다는 뜻이다. 일본 시절 오타니의 최고 구속은 165km/h였다.

변화구는 스플리터와 슬라이더, 커브, 커터 등을 구사한다. 특히, 150km/h에 육박하는 스플리터는 속구처럼 날아오다가 타자 앞에서 뚝 떨어진다. 135km/h 초중반대의 슬라이더도 날카롭다. 빠른 공에 대비하는 타자로서는 뚝 떨어지거나 휘어 나가는 변화구에 속수무책이었다. 그것이 높은 탈삼진율로 나타난 것이다.

오타니가 투수로 각성하는 계기가 된 시즌은 2014년이다. 닛폰햄에 입단한 지 2년차가 되는 해였다. 올스타전 2차전을 비롯해 10월 5일 라쿠텐전에서도 최고 구속 162km/h를 기록했다. 이것은, 당시로는 일본 프로야구에서 2008년 미국인 클로저 마크 크룬만이 밟은 적이 있을 뿐, 일본인 투수에게는 허용되지 않던 미지의 영역이었기에 더 많은 주목을 받았다. 오타니의 전년도 최고 구속이 157km/h였던 것과 비교해 2014년에는 여러 차례 160km/h를 기록하는 등 구속 향상이 두드러졌다.

**구속이 오른 것은 몸이 강해진 덕이라고 생각한다. 지난해**

시즌이 끝난 뒤 웨이트 트레이닝에 힘쓴 게 큰 도움이 됐다. 그리고 또 한 가지 중요한 점은 강인해진 몸을 밸런스 좋은 투구 동작으로 연계할 수 있었던 것에 있다. 셋포지션에서 던지는 등 투구폼을 이렇게 저렇게 변화를 주며 시도한 끝에 나에게 맞는 동작이 만들어졌다. 다만 이것 자체는 구속 향상을 위해서 그것을 노리고 한 것은 아니다. 좋은 투수가 되기 위해서 필요한 부분이라고 생각했다. 구속을 올리기 위한 연습을 하지는 않았지만, 결과적으로 구속이 향상된 것이다.

오타니는 항상 빠른 공을 던지는 투수로 세간의 주목을 받았지만, 그 자신은 더 빠른 공을 추구하면서도 그것에 얽매이지는 않았다. 그해 한 인터뷰에서 "내가 생각하는 최고의 공은 162km/h가 아닌 156km/h였다"라고 밝힌 적도 있다. 자신의 최고 구속인 162km/h를 기록한 공은 회전이 너무 많이 걸려 제구가 제대로 되지 않은 공이라고 생각했기 때문이다. 오히려 안정된 폼에서 나온 156km/h가 질적으로 더 좋은 공이었다는 것. 즉, 오타니는 구속이라는 숫자보다 기록으로 남지는 않은 완성도를 더 중요하게 여긴 것이다.

그러면서 156km/h와 같은 좋은 퀄리티의 공을 162km/h의 속도로 던지기 위한 노력을 게을리하지 않았다. 이렇듯 완벽함을 추구하는 향상심이, 2016년 포스트시즌에서 165km/h라는 결과물로 나타난 것이라고 볼 수 있다.

'투수 오타니'는 일본 시절, 곧잘 다르빗슈 유와 비교되곤 했다. 같은 동북 출신인 데다가, 닛폰햄의 유니폼을 입은 장신의 우완 정통파 투수라는 공통점이 있어서다. 하지만 투구 스타일은 물론이고, 공을 던지는 방식도 전혀 다르다. 다르빗슈는 다양한 구종으로 타자를 제압하는 투수라면, 오타니는 스플리터를 포함한 빠른 공으로 타자를 윽박지르는 투수다. 또 공을 던지는 방식도 다르다. 닛폰햄 시절, 투수 코치로 두 선수를 모두 지도한 경험이 있는 오시이 마사토 현 지바롯데 감독은 다음과 같이 말한다.

다르빗슈는 팔 유연성이 좋아 횡회전에도 오른 팔꿈치가 올라가 있으니까 좋은 각도에서 던질 수 있다. 반면, 오타니는 회전축이 다르빗슈와 달리 종회전에 가깝다. 팔을 머리 위에서 내리꽂는 이미지다. 그런 만큼 팔꿈치 위치도 높고 체중을 확실하게 공에 실어 던진다.

오타니도, 다르빗슈도 공통된 부분은 '방향성'이다. 자기 몸의 특성에 적합한 투구폼을 찾아내 던지고 있는 것이다. 사람은 누구나 몸 쓰는 법이 다르다. 그 다름을 인지한 후, 여러 가지를 시도하는 시행착오를 거쳐 다르빗슈도 오타니도 자기 몸에 최적인 투구폼을 만들어냈다. 오타니는 앞에서도 이야기한 것처럼 휴일에도 거의 외출하지 않고 야구를 더 잘하기 위해 노력해 왔다. 그런 발전에 대한 향상심과 탐구심이 '슈퍼스타 오타니'를 만들어냈다고 해도 과언이 아니다.

### 5툴 플레이어 '타자 오타니'

기록으로만 보면 '타자 오타니'를 그렇게 뛰어난 선수가 아니라고 생각할 수도 있다. 그는 일본 시절, 단 한 시즌도 규정 타석을 채운 적이 없었다. 가장 좋은 활약을 펼친 2016년에도 최종 성적은 타율 0.322(퍼시픽리그 2위), 22홈런(퍼시픽리그 8위) 정도였다. 그 외 4시즌에서는 한 시즌에 홈런 10개를 때려낼까 말까 한 선수였다. 통산 성적은 403경기 출장 타율 0.286, 48홈런, 166타점, 13도루. 나쁘다고 할 수는 없지만, 빼어난 결과 역시 아니었다.

그런데도 일본 시절 '타자 오타니'를 실패가 아닌 가능성을 보여준 선수로 부르는 데는 크게 두 가지 이유가 있다. 투타 겸업에 따른 한계로 좋은 통산 성적을 쌓기 어려웠다는 점과 장타력을 앞세운 OPS는 훌륭한 기록을 쌓았다는 것에 있다. 통산 OPS는 0.859. 여기에 200타수 이상을 기록한 3시즌에는 모두 0.8 이상을 기록했다. OPS 0.8은 일류 타자의 기준점이 되는 기록이다. 특히, 2016년에 기록한 OPS는 무려 1.004. 이것은 양대 리그를 통틀어 1위였다.

사실 오타니의 장타력은 고교 시절부터 정평이 나 있었다. 닛폰햄을 비롯해 여러 구단 스카우트는 오타니를 투수가 아닌 타자로 보며 "마쓰이 히데키 이래 나온 최고의 거포" 라고 평가했다. 부상 등으로 타격감을 유지하기 어려운 상황에서도 고교 3년간 통산 홈런은 56개. 물론, 일본 고교 통산 홈런 수는 연습 경기도 포함되어 있어 그 숫자가 공신력을 갖는 것은 아니지만 타구를 띄우는 능력 하나만큼은 누구나 인정하는 부분이었다. '타자 오타니' 스스로도 자신의 장점은 "장타력에 있다"라고 말한다.

그런 점에서 '타자 오타니'를 일본 시절 마쓰이 히데키와 비교하는 목소리도 작지 않다. 마쓰이는 메이저리그에 진출한 뒤, 공을 맞히는 정확성에 중점을 두어 중거리 타자로 변신했지만, 일본 시절에는 10년간 332홈런을 때려낸 전형적인 거포였다. 홈런을 때려낼 줄 안다는 점에서 오타니와 마쓰이는 공통점이 있다. 다만 오타니는 마쓰이가 갖지 못한 재능이 있다. 투수로 160km/h 이상을 던지는 강한 어깨와 타격 후 1루까지 3.8초대를 끊는 빠른 발 등은 마쓰이에게는 없고 오타니에게는 있는 요소다. 강한 어깨와 빠른 발, 그리고 일정 수준의 타격 정확성을 갖춘 타자라는 점에서 오히려 오타니는 스즈키 이치로와 더 비슷한 점이 많은 타자다. 아니, 이치로에게는 없는 파워까지 갖고 있는 선수이니 '파워를 갖춘 이치로'가 곧 '타자 오타니'인 셈이다. 타격 정확성과 파워, 빠른 발, 좋은 수비 능력, 그리고 강한 어깨까지 갖춘 선수를 흔히 '5툴 플레이어'라고 한다. 오타니는 이 5가지 요소를 모두 갖추고 있다. 그런 연유로 과거 이치로는 오타니를 투수가 아니라 타자 재능이 더 뛰어난 선수라고 평한 바 있다.

장타력은 내 강점이다.
장타를 때리는 요령은 특별한 게 없다.
정확하게 배트 중심에 맞히면
공이 알아서 날아가 장타가 된다.
애초 공을 맞히는 데 주력하는
유형의 타자가 아니므로
제 스윙을 다하면 반드시 타구는
멀리 날아간다고 생각한다.

## 04

# 전환점이 된
# 프리미어 12 한국전

2017년 시즌이 끝난 뒤, 11월 11일 도쿄에 있는 일본기자클럽에서 오타니는 "포스팅 시스템을 활용해 메이저리그에 도전할 뜻"을 정식으로 나타냈다. 그리고 2월 10일(일본 시각)에는 에인절 스타디움에서 "LA 에인절스와의 계약에 합의했다"며 입단 기자회견을 열었다. 이날은 정확히 6년 전 2012년에 오타니가 닛폰햄 입단을 결정한 날이었다. 오타니가 메이저리그 도전을 선언하자, 일본 야구 관계자 사이에서는 너무 성급한 게 아니냐는 의견이 적지 않았다. 단 한 번도 일본 프로야구에서 최고의 정점에 오른 적이 없고, 끊임없는 부상에 시달린 점도 그 근거로 거론됐다. 이런 반대의견에 대해 오타니는 "불완전하니까 메이저리그에 도전하여 완성해 나가겠다"라고 대답했다.

우선 나는 타자도, 투수도, 일본에서 최고의 선수는 아니라고 생각한다. 애초 최고의 선수니까 메이저리그에 간다고는 생각하지 않는다. 꼭 일본 최고가 아니더라도 미국에 가도 된다고 생각한다. 절대적인 실력을 일본에서 발휘한 후 미국에 가는 게 일반적일지도 모른다. 혹은 '아직 갈 때는 아니다'라고 생각할 수도 있다. 물론, 최고에 오른 뒤에 가는 게 더 멋지고 대단하다고 생각한다. 하지만 나는 지금 가고 싶으니까, 간다. 일본에서 아직 더 할 게 남아 있다고 생각하지만, 그것을 미국에 가서 할 수 없는 것도 아니다. 일본에서 아직 다하지 못한 걸 미국에서도 할 수 있다.

OHTANI SHOHEI

불완전하니까 메이저리그에 도전한다. 불완전함은 불안과 긴장의 원인이 된다. 여기서도 제대로 활약하지 못했는데, 더 큰 무대에서 잘할 수 있을까? 그런데 오타니에게는 그런 불안과 긴장은 보이지 않았다. 오히려 자신 있게 자기 뜻을 나타냈다.

### 지금, 가고 싶으니까, 간다

그런 자신감은 어디에서 오는 것일까? 그 확고한 마음은 2년 전 'WBSC 프리미어 12' 대회를 통해 얻은 것이다.

### '프리미어 12' 한국전에서 얻은 자신감

2015년 투수로 최고의 활약을 펼치며 투수 3관왕(다승 · 평균자책점 · 승률)에 오른 오타니. 다만 타자로는 아쉬운 시즌이었다. 70경기에 출장해 타율 0.202, 5홈런, 17타점에 그친 것. 타자로서는 커리어 최악의 성적이었다. 팀을 리그 2위로 이끌며 포스트시즌(클라이맥스 시리즈 퍼스트

스테이지)에 진출시켰지만 지바 롯데에 덜미를 잡히며 패배의 눈물을 삼켰다. 그런 아쉬움 속에 맞이한 국제대회가 제1회 WBSC 프리미어 12였다. 이 대회에서 오타니는 2차례 선발 등판했다. 공교롭게도 2경기 모두 한국전이었다. 첫 번째 경기는 예선 1차전이었고, 두 번째 경기는 준결승전에 선발로 나섰다. 사실 첫 경기부터 오타니는 부담을 크게 느꼈다. 홈구장인 삿포로돔에서 열리는 경기, 일본의 대회 첫 경기, 그리고 중요한 국제대회에서 승리만큼이나 패배도 익숙한 한국과의 일전. 게다가, 오타니는 프로에서도 큰 무대에서 약한 면모를 드러낸 적도 있어, 한국전 선발 등판은 일종의 시험 무대와도 같았다.

시즌 종반의 중요한 경기나 클라이맥스 시리즈 등에서 이겨야 하는 경기를 이기지 못했다. 그렇기에 한국전은 그런 부정적인 이미지를 깨고 이기는 투수가 되고 싶다는 마음이 컸다.

2015년 11월 8일, 삿포로돔에서 열린 첫 번째

노림수를 갖고 타석에 선 게 느껴졌다. 첫 경기에서 압도했으니까 이번에도 잘 될 거라는 마음가짐으로 임하면 난타를 당할 것 같은 기분이었다. 그렇기에 나 역시 한 단계 더 나은 모습을 보여줘야만 한다고 생각했다.

그 마음가짐대로 마운드 위에서 오타니는 강한 공을 잇달아 던졌다. 1회 2번 타자 이용규를 상대로 3구째에 160km/h를 기록하는 등 빠른 공과 포크볼, 그리고 슬라이더를 섞어 던지는 투구로 한국 타자를 잡아 나갔다. 사실 이전까지 오타니에게 있어 슬라이더는 좀 반신반의하게 여겨지는 구종이었다. 속구와 스플리터와 비교해 피안타율이 높은 구종이었지만, 이날은 빠르고 예리하게 꺾이며 스플리터와 같은 결정구로 거듭났다.

그날, 나는 처음부터 헛스윙을 뺏는 공을 던지려고 했다. 파울을 노리는 게 아니라 헛스윙을 잡아내는 공. 첫 이닝부터 그렇게 던지면 체력적인 부담을 느낄 수밖에 없지만, 어떤 일이 있어도 '만일의 상황'이 일어나지 않게

한국전에서 오타니는 주변의 우려를 불식시키는 거의 완벽에 가까운 투구로 한국을 압도했다. 1회부터 161km/h의 빠른 공을 앞세우며 이대호, 박병호 등 한국의 거포들을 잇따라 삼진으로 돌려세웠다. 6이닝 2피안타 무실점에 삼진은 10개를 빼앗아냈다. 이어 오타니는 준결승전에서 다시 만난 한국전에도 선발로 나왔다.

첫 경기를 이기고 준결승에서 또다시 한국을 만났다. 두 번째 한국전 등판인데다가, 여기서 지면 팀이 탈락하는 상황이라서 첫 경기보다도 더 긴장된 가운데 마운드에 오르게 됐다고 생각했다. 이것을 이겨내야만 한다는 마음으로 준결승전을 맞이했다. 첫 경기보다 두 번째 한국전이 더 긴장됐다.

11월 19일 도쿄돔에서 열린 한국과의 준결승전. 1회 마운드에 오른 오타니는 이전 경기와는 다른 한국 타자들의 변화를 느꼈다고 한다.

**공 하나하나에 헛스윙을 하지 않겠다는 의지와**

제구는 다소 안 되더라도 기세 좋은 공을 던지려고 했다.

오타니의 강력한 구위에 한국 타선의 배트는 물먹은 솜방망이처럼 허공을 갈랐다. 7이닝 동안 85구를 던지며 1피안타 무실점 역투. 삼진은 11개를 잡아냈다. 다만 팀은 오타니가 마운드를 내려간 후, 불펜진이 방화쇼를 펼쳐 3-4로 역전패했다. 그래도 오타니는 가장 중요한 순간에 제 몫을 못 한다는 오명을 완전히 불식시키는 투구로 자신감과 성장세를 나타낸 대회로 기억한다.

프로 1년차보다 2년차, 2년차보다 3년차에 성장해 그 대회에서 가장 자신 있는 공을 던졌다. 나는 지금까지 결과를 내기 위해 해야 할 것들을 다해 오며 하루하루를 누구보다도 더 소중하게 잘 보냈다고 할 자신이 있었고, 그것이 결과로 나타나 더할 나위 없이 기뻤다.

### 일반적이지 않은 성장 과정을 추구하는 오타니

야구 선수에게 어려운 것은 좋은 과정이나 자신감이 반드시 다음의 좋은 결과로 이어지지는 않는다는 데 있다. 오타니 역시 마찬가지였다. 2차례 한국전을 통해 지금까지의 노력이 헛되지 않았다는 점을 확인하고 자신감에 가득 찬 상황에서 맞이한 다음 시즌. 그러나 2016년과 2017년에는 부상으로 어려운 시즌을 보냈다. 특히, 2017년에는 주루 중 햄스트링을 다쳐 재활에 힘쓰는 시간이 길었다. 투수로는 고작 5경기에 나왔고, 야수로도 65경기 출장에 그쳤다. 그런데도 시즌이 끝난 뒤 메이저리그에 도전하기로 결단을 내렸다. 메이저리그 규정이 바뀌어 큰돈을 받을 수 없는 상황에도 미국행을 선언한 데는 어떤 이유가 있을까?

고교 시절에 졸업 후 미국에 가고 싶다고 생각한 것은 마이너리그를 거치면서 다른 선수(일본 프로야구를 거친 일본인 선수)와 다른 과정을 밟았을 때, 내가 어떤 선수가 될 수 있을지 그 장래를 상상하는 게 즐거웠기 때문이다. 곧바로 메이저리그에서 통할 것이라고는 전혀 생각하지 않았다. 일본 프로야구에 입단해 투수로 첫 해에 잠깐 선을 보이고, 2년차부터 기회가 서서히 늘어나 3·4년차에 선발 로테이션에 들어가는, 그런 일반적인 성장 과정이 아닌 전혀 상상조차 못한 과정을 거쳤을 때 나는 어떤 모습일지, 나 자신이 시도해보고 싶었다.

메이저리그에 일찍 도전한 데는 또 다른 요소도 있었다. 바로 환경이다. 어차피 최종 목적지가 메이저리그라면 조금이라도 일찍 그 환경에 들어가 적응하고 싶었다고 한다.

환경이 사람을 좌우할 때가 잦다고 생각한다. 닛폰햄에 왔으니까 투타를 겸업하는 환경이 마련됐다. 선수로서 플레이 폭이 매우 넓어졌다. 그 속에서 지금까지 순조롭게 야구를 해왔는데, 이번에는 나 스스로 큰 결단을 내렸다. 물론 불안도 있지만 야구를 한다면 최고 무대에서 하고 싶은 게 일반적이라고 생각한다.

# NPB ▶ MLB
### NIPPON PROFESSIONAL BASEBALL   MAJOR LEAGUE BASEBALL

## 2017-2018

오타니 쇼헤이. 메이저리그의 모든 팀이 그를 원했다. 하지만 오타니에게도 몸은 한 개뿐이었고, 그의 하루도 남과 똑같은 24시간이었다. 그는 다른 방법으로 자신이 뛸 팀을 찾아야 했다. 오타니 측에서 MLB 구단들에게 일종의 과제를 내주고 서류 전형과 면접을 진행했던 배경이다. 이렇게 '갑'과 '을'의 관계가 완전히 뒤바뀐 상황을 낯설고 불편하게 느끼는 이들도 있었지만, 그러한 시선과는 별개로 지원서를 제출한 모든 구단들의 마음은 간절 그 자체였다.

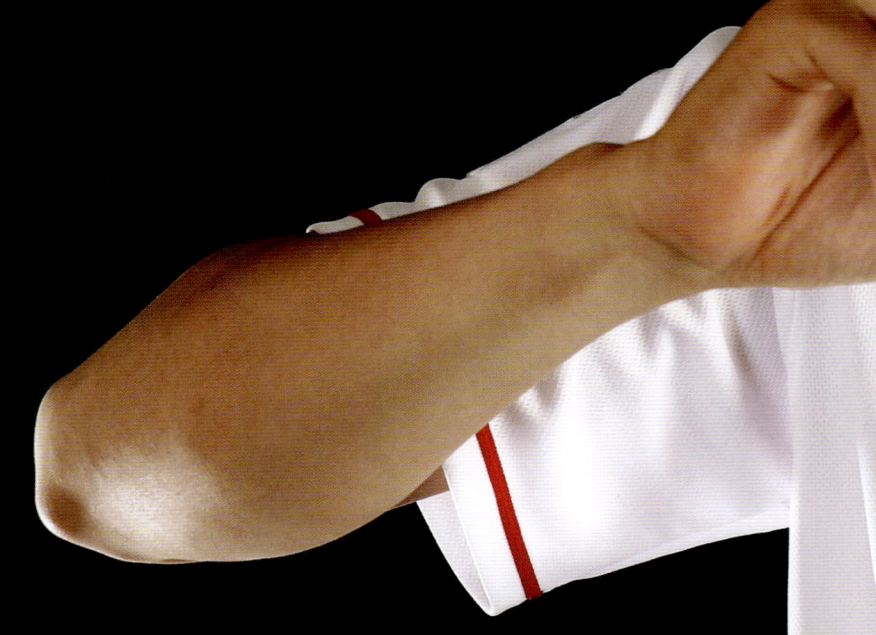

> 단장님, 제가 깜빡하고 한 가지 말씀드리지 않았던 게 있습니다.
> 그게 뭡니까?
> 오타니 쇼헤이가 LA 에인절스 선수가 되고 싶어합니다.
> 네?!
> 축하드립니다. 오타니를 잡으셨어요.

네즈 발레로 오타니 에이전트와 빌리 애플러 전 LA 에인절스 단장의 통화

# 01 오타니가 오기 전의 LA 에인절스

1946년 8월, 11남매의 장남으로 태어난 멕시코계 미국인 아르투로 모레노에겐 두 가지 꿈이 있었다. 하나는 성공적인 사업가로 이름을 알리는 것과 다른 하나는 본인이 가장 좋아하는 스포츠였던 야구 팀의 구단주가 되는 것이었다. 사업 수완이 남달랐던 그는 베트남전 참전 이후 13년 만에 광고 마케팅 회사의 사장이 되었고, 그로부터 5년 후인 1986년, 17명의 공동 투자자와 함께 마이너리그 싱글A 구단인 솔트레이크시티 트랩퍼스를 인수하며 '꿈'을 향한 발걸음을 본격적으로 내딛기 시작했다.

# SUPERSTAR

**마이크 트라웃 통산 성적 및 수상 경력**

12시즌 1,407경기
1,543안타 350홈런 896타점 204도루
.303타율 .415출루율 .587장타율
1.002OPS

2012 아메리칸 리그 신인왕
2014/2016/2019 아메리칸 리그 MVP
2014/2015 올스타전 MVP
10회 올스타 8회 실버 슬러거

## MIKE TROUT

스포츠에 대한 애정이 남달랐던 모레노는 이후 더 적극적인 행보를 보인다. 사업에서 잇따른 성공과 함께 많은 부를 축적한 그는, 1995년 자신의 고향인 애리조나에 MLB 구단 다이아몬드백스가 창단한다는 소식을 듣고 일부 지분을 확보하며 투자자 그룹에 이름을 올린다. 이어 2000년에는 NBA 피닉스 선즈 농구 팀의 지분도 사들이며 스포츠 업계에서 차츰 '큰 손'으로 인정받기 시작한다. 실제로 스포츠 유력지 〈스포츠 일러스트레이티드(Sports Illustrated)〉에서는 '스포츠계에서 가장 영향력 있는 소수 인종 출신 인물' 부문 5위에 모레노를 올려놓고 있었기에, 그가 메이저리그 역사상 최초의 중남미계 구단주가 되는 것은 시간 문제일 뿐이었다.

기회는 생각보다 빠르게 찾아왔다. 애너하임 에인절스 구단(현 LA 에인절스)을 보유하고 있던 모기업 디즈니(Disney)가 2002년 월드시리즈 우승 직후 팀 매각 작업을 본격화하기 시작한 것이다. 모레노에게 애너하임뿐 아니라 캘리포니아주까지 아우를 수 있는 에인절스 구단은 더없이 좋은 매물이었고, 결국 2003년 4월, 1억 8,000만 달러(당시 환율 기준 약 2,256억원)에 구단을 넘겨 받으며 자신의 꿈을 이뤘다.

든든한 구단주를 만난 에인절스는 이듬해인 2004년부터 곧바로 '결실'을 맺기 시작했다. 새로운 구단주의 '대형 FA 영입 1호'라 할 수 있는 블라디미르 게레로는 곧바로 아메리칸 리그 MVP를 수상했고, 팀은 1986년 이후 첫 디비전 우승을 차지했다. 번번히 아메리칸 리그 챔피언십 시리즈의 문턱을 넘지 못했지만, 에인절스는 2004년부터 2009년 중 한 시즌(2006년)을 제외하면 모두 디비전 우승을 차지했고, 95승 이상을 기록한 시즌만 세 번이나 될 정도로 압도적인 전력을 자랑했다. 상대적으로 짧은 구단 역사에도 이런 굵직한 족적을 남긴 에인절스는, 그렇게 '신흥 명문'의 길을 걷는 듯했다.

하지만 희망은 오래 가지 못했다. 모레노는 계속해서 트레이드 및 FA 시장을 통해 대형 선수들을 영입했지만, 그 선택들은 번번이 악수가 되어 스스로를 옥죄고 말았다. 2011년에 트레이드를 통해 토론토 블루제이스에서 영입한 버논 웰스는 에인절스 유니폼을 입고 2시즌 동안 5,037만 5,000달러(약 718억원)를 수령했지만, 2년간 208경기 출전, 36홈런에 그치고 말았다. 알버트 푸홀스(10년간 2억 4,000만 달러, 약 3,420억원 계약)는 이적 첫 해인 2012 시즌을 제외하면 매년 생산성이 떨어졌고, 선발진 보강을 위해 영입한 C.J. 윌슨(5년간 7,750만 달러, 약 1,105억원 계약) 역시 기대치를 충족시켜주지 못했다. 조쉬 해밀턴(5년간 1억 2,500만 달러, 약 1,782억원)은 구단 역사상 최악의 계약이 되고 말았고, 그 사이 팀의 에이스로서 고액 연봉자의 대열에 들어선 제레드 위버는 구속 저하와 함께 성적이 급격히 떨어지다 팀을 떠나고 말았다.

에인절스의 대형 선수 영입 악몽은 여기서 끝이 아니었다. 모레노 구단주는 2017 시즌 후 저스틴 업튼에게 5년간 1억 6백만 달러(약 1,511억원) 연장 계약을 안겼지만, 업튼은 계약 기간을 다 채우지 못했을 뿐 아니라 4시즌 동안 339경기 출전에 그쳤을 정도로 크고 작은 부상이 끊이질 않았다. 또한 선발 투수 보강이 유력하다는 전망과 달리, 2020 시즌을 앞두고 앤서니 렌돈과 7년간 2억 2,4500만 달러(약 3,492억원) 라는 서프라이즈 대형 계약을 맺었지만, 꾸준함의 대명사였던 그 역시 에인절스에서의 첫 3시즌 동안 총 157경기 밖에 뛰지 못했다.

물론 희망이 없었던 것은 아니었다. 에인절스는

메이저리그 역사상 최고의 선수 중 한 명으로 부르기에 손색없는 '간판 스타' 마이크 트라웃을 보유하고 있었기 때문이다. 사실 여기에는 '운'이 따른 것도 사실이었는데, 당시 신인 드래프트를 앞두고 트라웃을 둘러싼 다른 구단들의 '편견' 덕이었다. 보통 미국 야구계에서는 날씨가 추워 야구 시즌을 치를 수 있는 기간이 한정적인 뉴저지(New Jersey)는 캘리포니아(California), 플로리다(Florida) 혹은 텍사스(Texas)처럼 일년 내내 훈련이 가능한 지역 대비 선수들의 기량이 그리 높지 않다는 선입견에 가까운 생각을 갖고 있었고, 실제로 이전까지 뉴저지는 걸출한 빅리그 타자를 배출한 적이 없는 곳이기도 했다. 심지어 트라웃 본인도 추후 인터뷰를 통해 "유망주로서 주목받기 시작한 것은 '에어리어 코드 경기(Area Code Game; 매년 미국에서 가장 기량이 뛰어난 고등학교 학생 선수들을 모아 5일 안팎의 기간 동안 경기를 치르는 대회. 메이저리그 30개 구단의 스카우트들과 주요 대학 야구팀 코칭 스태프가 방문하기 때문에 프로 진출 혹은 장학금을 꿈꾸는 고교 선수들에겐 더없이 중요한 쇼케이스 기회)'를 뛰고 난 이후부터였다. 뉴저지를 벗어난 것이 정말 많은 도움이 됐다"면서 이전까지는 자신의 '출신' 때문에 객관적인 평가를 받지 못했음을 우회적으로 드러낸 적이 있을 정도였다. 하지만 그럼에도 불구하고 트라웃은 2009년 신인 드래프트에서 1라운드 전체 25순위가 되어서야 지명을 받을 수 있었는데, 당시 에인절스의 스카우트였던 그렉 모하트가 트라웃의 아버지와 한때 마이너리그 팀 동료였고, 그래서 자신이 뛰는 모습을 어렸을 때부터 지켜본 뒤 구단 측에 '강력 추천'을 한 덕이었다. 그리고 이 추천서는 트라웃뿐 아니라 에인절스, 더 나아가 메이저리그 역사를 바꾸게 된다.

하지만 더 바랄 게 없을 정도로 뛰어난 활약을 보여주고 있는 트라웃과 달리, 과감한 투자로 외부에서 영입한 선수들의 잇따른 부상과 부진은 팀의 골칫거리였다. 꾸준한 성적이 뒷받침되지 못한다면, 제아무리 트라웃과 같은 슈퍼스타가 있다 하더라도 장기적인 흥행을 담보하기는

어려웠다. 에인절스는 2002년 월드시리즈 이듬해인 2003시즌부터 2017년까지, 15시즌 동안 홈 경기 평균 관중 순위가 30개 팀 가운데 7위 밖으로 밀려나본 적이 없는 대표적 흥행 구단 중 한 팀이었기에 성적에 대한 기대와 우려 역시 클 수밖에 없었다.

그렇기에, LA라는 대도시를 연고로 하는 에인절스는 당장의 경기력뿐 아니라 그간의 영입 실패에 대한 여론을 잠재울 수 있는 스타 플레이어가 간절히 필요한 상황이었는데, 이때 이적 시장에 이름을 올린, 일본 최고의 스타인 오타니는 '놓칠 수 없는 카드'였다. 하와이 호놀룰루를 제외하면 미국 본토에서 가장 많은 일본인 및 일본계 미국인이 거주하는 곳이 LA였고 일본 열도를 기준으로 놓고 보더라도 캘리포니아는 중계방송 시청에 대한 접근성이 가장 좋은 시간대를 갖춘 지역이기에 오타니 영입은 미국을 넘어 아시아 시장을 아우르는 '국제적인 흥행카드'였던 것이다.

문제는 '어떻게' 오타니를 설득할 수 있느냐는 것이었다. 오타니는 포스팅 선수 자격으로 메이저리그 진출을 타진하고 있었기에 그의 영입을 희망하는 구단은 원소속 팀 닛폰햄 파이터스에 '최다 2천만 달러(당시 환율 기준 약 217억원)'의 이적료만 지불하면 되었고, 선수 계약금은 구단별 국제 아마추어 선수 계약금 상한액 내에서만 협의할 수 있었으며, '만 25세 미만 외국 선수'에 대한 연봉 역시 리그 최저 연봉(54만 5,000달러)으로 정의되어 있었다. 야구 역사상 최고의 재능이라는 평가를 받는 선수를 염가에 영입할 수 있으니, 30개 구단이 모두 영입전에 뛰어들 것은 분명했다.

다만, 이 과정에서 오타니 영입을 희망하며 이적료 최대 금액(2천만 달러)을 제시한 팀이 두 곳 이상이라면 선수가 본인이 희망하는 팀을 고를 수 있는데, 바로 이 때문에 메이저리그 구단들은 '돈다발'이 아닌 정성과 고민이 담긴 '프레젠테이션'이 더 중요해졌다. 오타니의 'MLB 이도류'는 시작부터 본인이 칼자루를 쥐고 시작하는 상황이었던 것이다.

## 02　LA 에인절스의 오타니 영입 막전막후

약속은 약속이었다. 고등학교를 졸업하는 오타니가 메이저리그가 아닌 NPB에 남을 수 있도록 닛폰햄 파이터스가 제시한 '당근'에는, 선수가 원하는 시기에 빅리그 포스팅 진행에 협조한다는 조건이 포함되어 있었다. 오타니는 2017년 11월, 구단에 공식적으로 메이저리그 진출 의사를 표명했고, 한 시간 반이 넘는 미팅 끝에 구단은 약속을 지키기로 했다. 불과 2년만 더 기다리면 완전한 FA 자격을 얻기에 훨씬 좋은 조건으로 빅리그 도전에 나설 수 있었지만, 만 22세의 오타니는 '돈에는 큰 관심이 없다'면서 한 살이라도 어린 나이에 큰 무대로 향할 것을 다짐했다. 그리고 이 같은 결정은, 'FA로 메이저리그 진출을 선언했다면 총액 2억 달러 (약 2,300억원) 규모의 계약도 가능하다'는 익명의 메이저리그 관계자의 평가와 더불어 더 큰 화제를 낳았다.

투타 양면에서 탁월한 기량을 가지고 있는 데다, 하루라도 빨리 빅리그에서 뛰고 싶어하는 순수한 열망까지 그야말로 '유니콘' 같았던 오타니에 대한 대중의 관심은 그렇게 커져만 갔다.

닛폰햄 구단의 허락이 떨어지자 오타니는 곧바로 미국 스포츠 유력 에이전시인 CAA(Creative Artists Agency)와 계약을 체결하고 포스팅 사전 준비를 시작했다. 흥미로운 것은, 기존 NPB 출신 일본 선수들과 달리 이 포스팅은 메이저리그 구단이 아닌 오타니 측이 키를 쥐고 있었다는 점이다. 앞서 이야기한 것처럼, 모든 메이저리그 계약은 포스팅에서 이적료로 쓸 수 있는 한도액이 2천만 달러로 정해져 있었고, 오타니는 투구와 타격에서 모두 탁월한 기량을 인정받고 있었으니 돈 조금 아끼겠다고 최대 액수를 써내지 않을 구단은 없었다.

그렇기에 오타니 영입을 원하는 팀들이라면 모두 2천만 달러로 입찰할 것이었고, 오타니는 자신이 가장 마음에 드는 팀 하나를 고르면 되는 상황이었다. 그리고 이러한 특수성과 함께 CAA는 메이저리그 구단들에게 '숙제'를 내주는데, 〈어소시에이티드 프레스(Associated Press)〉 측 보도에 따르면 바로 다음과 같은 내용이었다.

---

1. 오타니의 재능을 투수로서, 또 타자로서 평가해보시오.

2. 귀 구단의 선수 육성 및 메디컬 트레이닝, 경기력 관리에 대한 운영 방식과 훈련 시설을 설명하시오.

3. 마이너리그와 스프링 트레이닝 시설들을 설명하시오.

4. 귀 구단의 연고 도시에 오타니가 빠르게 녹아들 수 있도록 어떤 지원을 할 것인지 상세히 설명하시오.

5. 오타니가 팀에 빠르게 녹아들 수 있도록 어떤 지원을 할 것인지 비전을 설명하시오.

6. 오타니에게 귀 구단이 왜 선수 생활을 하기 좋은 구단인지 설명하시오.

7. 위 내용에 대한 답은 일본어와 영어로 회신하되, 계약 등 금전적인 조건에 대한 언급은 포함하지 마시오.

---

30개 구단에 전달된 CAA 측의 이 메모를 통해 우리가 알 수 있는 것은 크게 두 가지가 있다. 첫째는 협상에서 오타니 측이 갖고 있었던 '입지의 우위'이다. 과거 포스팅 제도로 메이저리그 진출을 타진했던 선수들은 철저히 '선택을 받는' 입장이었지만, 압도적인 재능으로 모두의 관심을 받는 것에서 그치지 않고, 이적료 상한액 덕에 팀을 고를 수 있게 된 오타니는 '갑과 을의 관계가 완전히 뒤바뀐' 상황에서 협상에 나설 수 있었다는 것이다.

둘째는 '예비 빅리거'로서 오타니는 당장의 금전적인 이득이 아닌 메이저리그 무대에 안착해 더 좋은 기량을 올리는 것에 초점을 맞추고 있었다는 점이다. FA 자격을 얻은 이후로 메이저리그 진출 시기를 늦췄다면 천문학적인 거액을 움켜쥘 수 있었음에도 굳이 두 시즌 빠르게 미국행을 선언했을 때부터 예상되긴 했지만, 오타니 측은 철저히 선수로서의 '적응'에 초점을 맞춰 질문을 던지며 자신의 관심사가 어디에 있는지를 분명히 했다는 것이다.

실제로 익명의 한 해외 선수 스카우팅 디렉터는 "오타니가 포스팅으로 미국행을 타진한다는 것은 돈이 중요하지 않다는 뜻이다. 기다렸다가 FA 시장을 통해 나왔더라면 훨씬 많은 돈을 벌 수 있었을 것이다. 오타니는 우승을 하고 싶어하고, 선수로서 적응하기 좋은 환경에서 뛰는 것을 더 원하는 것으로 보인다. 돈은 일본 리그에서 이미 많이 벌기도 했고, 미국에 와서도 광고 수익 등 경기 외적으로도 많이 벌 수 있는 선수"라며, 계약금이나 연봉에 초연한 오타니를 바라보는 '업계' 분위기를 전하기도 했다.

돈에 초연한 자세를 보인다는 것은 빅마켓 팀과 스몰마켓 팀 모두에게 공평하게 오타니를 영입할 수 있는 기회가 주어진다는 것을 뜻했고, 선수 측에서 사실상 초유의 '서류 전형'이 존재하는 포스팅을 진행할 수밖에 없는 이유가 여기에 있었다. 거의 모든 구단이 오타니의 영입을 추진하는 가운데, 선수가 동일한 성격의 미팅을 수십 차례 진행하는 것은 효율적이지 못했다.

더군다나 구단들은 구장과 연고지를 어필하기 위해 오타니가 직접 방문하는 것을 더 선호했을 텐데, 이를 위해 선수가 시차 피로를 감수하며 계속해서 비행기에 오를 수도 없는 노릇이었다. 따라서 오타니 측은 서류 전형을 통해 '1차 합격 구단'들을 선별한 뒤 면접을 진행하는 것으로 포스팅 제도의 제한된 시간을 최대한 활용하고자 했던 것이다.

## 일본인 마사지 치료사까지 합류, 에인절스의 전방위적 준비

'서류 전형' 전후로 미국과 일본 언론은 연일 '오타니의 속마음' 파악에 여념이 없었다. 'MLB 네트워크' 존 모로시

# 오타니 쇼헤이 포스팅 교섭 7개 구단

LA 에인절스

LA 다저스

샌디에이고 파드레스

샌프란시스코 자이언츠

시애틀 매리너스

텍사스 레인저스

시카고 컵스

기자는 "복수의 메이저리그 구단 고위층은 오타니가 기존 일본인 선수가 없는 팀에서 뛰고 싶어한다고 보고 있다"는 말을 하기도 했고, ESPN의 제프 파산 기자는 "오타니에게 어떻게 어필을 해야 할지 팀들도 다 감을 잡지 못하고 있는 상황이다 보니 주먹구구식으로 준비하거나 막연한 감으로 준비하는 팀들도 있다"고 밝히기도 했다.

또다른 베테랑 칼럼니스트 존 헤이먼은 "서부지구를 선호하는 것 같은데, 빅마켓 팀보다는 스몰마켓 팀을 원하는 것 같다"는 분위기를 전하기도 했다. 미국 〈댈러스 모닝 뉴스(Dallas Morning News)〉 연고 지역 팀인 텍사스 레인저스가 오타니 영입을 위해 '6인 로테이션을 운영해야 한다'는 내용이 담긴 칼럼을 싣기도 했고, 일부 팬들은 2017 시즌을 앞두고 '선배' 다나카 마사히로와 합동 훈련을 했다는 점을 들어 뉴욕 양키스를 선택하는 것이 아니냐는 반응을 보이기도 했다.

각 구단의 연고 지역 유력 언론들 역시 저마다의 출처를 근거로 여러 기사들을 쏟아냈는데, 샌디에이고 지역 최대 일간지 〈샌디에이고 유니언-트리뷴(The San Diego Union-Tribune)〉지에서는 오타니가 파드레스 유니폼을 입을지도 모른다는 칼럼을 게재하기도 했다. 사실상 모든 구단이 다 오타니를 원하다 보니 '오늘은 이 팀, 내일은 저 팀' 하는 식의 루머가 끊이지 않고 기사로 생산되고 있었다. 아니, 반나절 만에 예상 행선지가 바뀔 정도로 오타니의 행선지 예상은 혼란 그 자체였다. 여러 팀이 거론되는 사이, 정작 최후의 승자가 될 에인절스는 큰 주목을 받지 못했다. 과거 일본인 스타 선수들과 대형 계약을 체결했던 뉴욕 양키스나 시애틀 매리너스, 텍사스 레인저스, 그리고 LA 다저스 등이 유력 행선지로 떠오르고 있었다. 하지만 에인절스의 에플러 단장은 '이도류'를 손에 넣기 위해 조용히 자신만의 칼을 갈고 있었다. 프런트 오피스의 핵심 멤버들 중 일부가 미국의 최대 휴일이라 할 수 있는 추수감사절을 보내기 위해 고향으로 떠나자 그들에게 연락해 '주말에는 오타니 영입 준비를 해야 하니 그 전에 돌아오라'며 복귀를 종용했고, 주말과 평일을 가리지 않고 새벽 3시, 4시까지 '오타니 서류 전형'을 준비하는 강행군을 지시했다. 그리고 에플러 단장은 이를 시인하면서도 "하지만 우리 팀만 이렇게 준비한 것은 아닐 것"이라는 말로, 당시 오타니 영입을 준비하는 메이저리그 구단들의 간절한 분위기를 전하기도 했다.

에인절스 구단은 오타니 측에 건넬 서류를 작성하고 수정하는 작업을 수없이 되풀이했고, 구단 마사지 치료사이자 과거 일본인 선수들의 통역 업무를 병행한 바 있는 테라다 요이치는 그 문서가 수정될 때마다 일본어로 번역하며 구단 내 보직을 따로 가리지 않는 '정성'을 쏟았다. 또한, 1차 전형에 '합격'해 오타니와 화상 면접을 진행할 수 있는 기회가 주어질 때를 대비해 13분짜리 홍보 영상 제작도 병행했다.

디테일뿐 아니라 스피드도 중요했다. 이렇게 준비한 자료는 '데드라인에 딱 맞춰 내는 것보다는 조금이라도 일찍 제출하는 게 나을 수 있다'면서,

주어진 시간보다 일주일가량 먼저 오타니의 에이전시 측에 전달했다. 추수감사절 연휴를 통틀어 4시간도 채 자지 못했다고 하는 에플러 단장은, 그렇게 현지 시각 11월 27일 월요일 아침에 지원서를 제출한 뒤 '1차 합격자 발표'를 기다리게 된다. 공식적인 포스팅은 아직 4일이나 더 남아 있었지만, 에인절스는 그만큼 간절한 마음으로 '빠른 구애'를 하는 방향을 승부수로 택한 것이었다.

**오타니의 전격 LA 방문, 그리고 1차 합격자 발표**

에인절스가 지원서를 제출하고 이틀 후, 오타니 측이 LA 국제공항에 도착했다는 '특종'이 나왔다. 이를 가장 먼저 보도한 것은 일본 〈스포츠 닛폰(Sports Nippon)〉 소속 LA 특파원으로 활동하고 있는 오쿠다 히데키 기자였다. 그는 과거 다나카 마사히로가 미국으로 넘어왔을 때도 LA 국제공항을 통해 입국했다는 소식을 들었지만 '결정적인 장면' 포착에 실패해 특종을 놓친 적이 있었는데, 이번 오타니의 입국은 그 어느 때보다 확신에 가득 찬 그였다. LA 국제공항 근처에 세워진, '특별한 손님'을 모시기 위한 리무진의 번호판에 'O11'이라고 적힌 것을 발견했기 때문이었다. O는 오타니, 11은 그가 닛폰햄 파이터스에서 사용했던 등번호였다. 베테랑 기자의 정보망과 '촉' 덕에 오타니의 미국 방문은 삽시간에 전세계 스포츠 언론이 인용보도하며 화제가 되기 시작했다.

이 때만 해도 오타니가 LA를 통해 미국에 입국한 것은 사실 큰 의미를 찾기 어려운 일이었다. 포스팅 공식 시작일 12월 1일이 임박해오고 있었고, 최고 입찰액을 쓴 구단이 복수라면 21일 안에 자신이 뛰고자 하는 팀을 골라야 했기에 오타니에겐 그저 약속 시간에 맞춰 미국 땅을 밟은 셈이었다. LA 국제공항을 선택한 것 또한 다수의 일본인 메이저리거들이 그랬던 것처럼 본국과 가장 가깝고 그저 기후가 좋았기 때문으로 보는 편이 가장 타당할 것이다. 그리고 12월 3일 일요일, 오타니가 공식 포스팅에 오른 지 48시간이 되었고, LA 국제공항에 도착한지 얼마 지나지 않았을 때 '1차 합격자 발표'가 나오기 시작했다. 오타니 측이 해당 구단들에게 '합격 여부'를 통보한 것인데, 뉴욕 양키스의 브라이언 캐시먼 단장이 취재진 인터뷰에서 자신들의 탈락 소식을 전했고, 다음날엔 더 구체적인 명단이 공개된 것이다. 아래 총 7개 팀에 '1차 합격' 통보가 전달되었다는 것이었다.

# 실탄 준비 완료
## 에인절스의 슬롯머니 확보전

**1** 오타니의 미국 입국과 '1차 합격자' 발표 소식이 전해지는 사이, LA 에인절스가 가만히 앉아 기다리고 있었던 것은 아니었다. 포스팅이 임박했을 때 오타니 영입에 큰 관심을 둔 구단들이 공통적으로 사모으고 있었던 '국제 유망주 계약금 슬롯머니'를 차곡차곡 쌓고 있었던 것이다.

**2** 메이저리그는 드래프트 적용을 받지 않는 외국 선수들에 대한 구단간 계약금 전쟁이 과열되자 한도액을 정하는 '슬롯머니' 제도를 시행하고 있었다. 이 슬롯머니는 매년 7월 2일 적용되는데, 오타니가 포스팅 시장에 나온 2017년엔 29개 구단이 475만 달러를 배정받았다. 즉, 모든 구단은 최대 475만 달러 범위 내에서만 해외 국적 아마추어 선수들을 영입해야 하며, 이 금액을 초과해 계약할 경우 다음 해 불이익을 받게 된다.

**3** 하지만 오타니가 포스팅에 나섰을 때 즈음엔 상당수 구단들은 이미 이 예산 한도액을 중남미, 아시아 및 유럽 등의 어린 유망주들과 계약하는 데 써버린 상태였다. 그래서 오타니를 영입하고자 하는 팀들은, 영입전에 그리 적극적이지 않은 구단을 알아본 뒤 선수를 내주는 대가로 이 슬롯머니를 사들이며 영입전 '군자금'을 채워가고 있었다.

**4** 여기에서 가장 앞선 팀은 텍사스 레인저스(353만 5천 달러)였고, 시애틀 매리너스도 적극적인 트레이드를 통해 255만 7천 달러까지 '실탄'을 확보해두고 있었다. 에인절스는 불과 한달 전까지만 하더라도 10만 달러를 웃도는 수준의 슬롯머니 밖에 남아있지 않았으나, 12월 1일 애틀랜타에 좌완 투수 저스틴 켈리를 내주는 대가로 우완 투수 짐 존슨과 함께 슬롯머니 121만 달러를 확보하며 가능성의 신호탄을 쏘아 올렸다.

**5** 이때부터 시애틀과 에인절스의 경쟁에 불이 붙었다. 12월 4일 월요일, 에인절스 구단이 오타니와 공식 교섭을 벌인 다음날, 시애틀 측은 자신들의 차례에서 '155만 달러'라는 구체적인 계약 조건을 제시한다. 그러자 이틀 후인 7일, 에인절스는 불과 6개월 전 100만 달러를 주고 계약한 3라운드 지명 외야 유망주 제이콥 피어슨까지 미네소타에 보내며 슬롯머니 100만 달러를 추가로 얻는 데 성공하며 총 231만 5천 달러의 슬롯머니를 확보한다.

**6** 그러자 시애틀 매리너스는 다음 날 곧바로 마이애미 말린스로부터 2루수 디 고든과 함께 100만 달러의 슬롯머니를 받는 트레이드를 단행한다. 총 슬롯머니 355만 달러. 시애틀은 그렇게 오타니 영입전에서 가장 많은 슬롯머니를 쌓아 올렸지만, 끝내 오타니 영입에 실패하며 분루를 삼켜야 했다.

이 명단은 메이저리그에 듣기에도 적지 않은 충격을 안겼는데, 300만 달러의 슬롯머니(드래프트 지명 순위에 따른 보너스 한도액)를 확보해둔 양키스가 교섭의 기회조차 갖지 못하고 '탈락'한 것. 그리고 슬롯머니가 30만 달러 밖에 없는 팀이 네 곳이나 이름을 올렸다는 점(다저스, 파드레스, 자이언츠, 컵스) 등이 그랬다. 그리고 가장 두드러진 점은 오타니의 '기호'였는데, 꾸준히 제기되었던 미국 서부지역 선호가 사실로 드러났기 때문이었다. 미국 서부지역을 연고로 하는 메이저리그 팀은 총 여섯 개가 있는데, 그 중 오클랜드 애슬레틱스를 제외한 나머지 5개 팀이 모두 오타니의 선택을 받은 것이다.

### '이제는 면접이다' 본격적인 구애 나선 7개 구단

이제는 모두에게 시간이 부족했다. 특히 오타니는 19일 안에 7개 팀을 모두 만난 두 내부 논의를 거쳐 최종 선택을 해야 했기에 게이전시 측의 빠른 업무 속도가 중요한 상황이었다. 그렇다 보니 CAA는 에인절스 측에 1차 합격 소식을 전한 12월 3일 일요일 전화 통화에서 "내일 바로 2시간짜리 교섭 미팅을 하자"고 밀어붙일 수밖에 없었는데, 사실 월요일 미팅이 잡힌 구단이 두 곳 더 있었다는 후문이다. 오타니 측은 빠른 교섭을 위해 일요일에 1차 합격자 발표, 월요일에 3개 팀, 화요일에 3개 팀, 수요일에 1개 팀 미팅을 통해 교섭을 최대한 신속하게 진행하고자 했다. 촉박한 일정임에도 오타니의 마음을 얻기 위한 구단들의 노력 또한 대단했다. 다저스는 결혼기념일을 보내기 위해 그랑 텍사스에 머물고 있던 클레이튼 커쇼와 결혼식을 앞두고 한창 바쁜 3루수 저스틴 터너를 미팅 자리에 동석케 했다. 샌프란시스코는 팀의 상징과도 같은 존재인 버스터 포지를 테이블에 앉혔고, 컵스는 명문대 출신 투수인 카일 헨드릭스와 함께 실제 팀에서 경기 전에 활용하는 가상현실 체험기기를 보여주며 환심을 사려 애썼다. 하지만 오타니의 마음을 얻기에 가장 좋은 조건은, 바로 에인절스에 있었다. 오타니가 부담 없이 타격에 임할 수 있는 '지명타자 제도'가 있는 아메리칸 리그 팀이었기 때문이다(본래 지명타자 제도는 아메리칸 리그에 국한되어 있었지만, 2022년 시즌을 시작으로 내셔널 리그에도 도입이 되었다). 또한 그가 선호하는 서부지역 구단이었으며, 일본인 및 일본계 미국인 거주자가 많은 도시를 연고로 하고 있다는 점도 긍정적이었다.

또한 리그를 대표하는 슈퍼스타 중 한 명인 마이크 트라웃의 동료가 될 수 있는 등의
여러 매력과 장점을 갖추고 있었다. 정작 트라웃은 결혼식 준비를 위해 뉴저지에
머무느라 오타니 교섭에 참석하진 못했지만, 화상 통화를 통해 이 같은 에인절스
구단의 장점을 충분히 설명하는 것으로 아쉬움을 대신했다. 이날 90분가량 진행된
'면접'에 대해, 에플러 단장은 "미팅이 끝난 뒤 구단 내부적으로는 대체적으로
분위기가 괜찮다는 평이었다"고 밝히기도 했다.

**역사를 바꾼 전화 한 통**

이런 노력과 장점이 오타니에게 닿은 것일까? 얼마 후 에플러 단장에게 낭보가
찾아든다. 오타니가 에이전시 사옥에서 멀지 않은 에인절 스타디움을 직접
방문해보고 싶어한다는 것이었다. 소리 없는 환호성 속에 에인절스 구단 측에겐 한
가지 고민이 있었다. 오타니가 방문하고 싶어하는 날짜에 구장이 NFL 필라델피아
이글스 측에 임대되어 있었다는 것이다. 이글스가 시애틀 시호크스전을 치른 뒤 LA
램스와의 경기를 앞두고 있었는데, 이동거리를 최소화하기 위해 LA에 계속 머물다
램스전을 치를 생각으로 비시즌 중인 에인절 스타디움을 빌린 것이었다. 그리고
오타니가 에인절 스타디움에 왔다는 소식이 외부로 알려지는 것을 막고 싶어했던
에플러 단장은, 결국 이글스 선수단이 훈련을 마치고 이들을 취재하는 기자단까지
모두 떠나는 오후 5시 30분, 오타니 일행을 경기장 안으로 들이며 '보안'을 확보했다.
편안한 환경 덕이었을까? 오타니와 에인절스 구단 관계자들은 구장 곳곳을 함께
살펴보며 두 시간가량 대화를 이어갈 수 있었다. 무엇보다 오타니가 앞선 공식 교섭
때보다 더 많은 질문을 하며 관심을 보였다는 점은 에인절스 구단에게는 너무나
고무적인 부분이었다. 하지만 데드라인까지는 아직 2주나 더 시간이 남아 있었고,
오타니가 언제 어떤 결정을 내릴지는 담당 에이전트도 알지 못하는 상황이었다.
결국 애플러 단장은 구장 투어를 마치며 또다시 기약 없는 기다림을 가져야 하는
상황이었다. 그런데 다음날 아침, 애플러 단장이 막 구단 사무실에 출근했을 때
오타니의 담당 에이전트로부터 전화가 왔다. 네즈 발레로였다.

**단장님, 제가 깜빡하고 한 가지 말씀드리지 않았던 게 있습니다.**
**그게 뭡니까?**
**오타니 쇼헤이가 LA 에인절스 선수가 되고 싶어합니다.**
**네?!**
**축하드립니다. 오타니를 잡으셨어요.**

예고없이 찾아온 갑작스러운 '최종 합격' 소식. 에플러 단장은 당황한 나머지
의자에서 미끄러져 바닥에 넘어져버렸다. 에이전트는 "단장님, 일단 구단주님께
전화부터 드려야죠"하며 재촉했다. 잠시 후 에이전시는 미국 전역 및 LA 지역 매체
기자들에게 보도 자료를 배포했고, 이 같은 소식은 소셜 미디어를 통해 삽시간에
미국 전역을 넘어 전 세계로 뻗어 나갔다. 트라웃의 결혼식 리허설을 하고 있던
에인절스 선수단도 이 소식을 듣고 환호했다. 이제 야구 역사가 바뀌려 하고 있었다.

03

# Hi!
# My name is
# Shohei Ohtani.

'유니콘' 같은 존재였던 오타니의 영입을 확정한 에인절스는 성대한 입단 기자회견 준비에 나섰다. 현지 시각으로 2017년 12월 9일 토요일, 에인절스는 홈 구장 입구 앞에 취재진뿐 아니라 일반 팬들도 참석할 수 있게 하는 '모두의 축제'를 기획했다. 모레노 구단주를 필두로 애플러 단장, 소시아 감독 등 고위층이 자리한 것은 물론이고, 비시즌이었음에도 일부 코칭 스태프가 함께 하며 새 선수에 대한 기대감을 드러냈다. 회견 장소 역시 인상적이었다.

오타니가 회견장으로 향하는 길에는 레드 카펫이 깔려 있었고, 단상 앞, 뒤로 붉은 커튼이 가득했다. 오타니 역시 붉은색 넥타이를 매고 나타났으며, 그가 처음으로 착용한 유니폼 역시 등번호 17번의 붉은색 저지였다. 저마다 빨간색 상의와 모자를 쓰고 공식 기자회견장을 둘러싼 2천여 명의 팬들 덕에, 시즌이 끝났음에도 이날 하루 에인절 스타디움엔 붉은 물결이 쉼없이

일렁였다.
"Hi, my name is Shohei Ohtani (안녕하세요. 제 이름은 쇼헤이 오타니입니다)"라는 영어로 시작된 오타니의 기자회견은 약 30분 동안 계속되었다. 자신의 배번 17번에 대해 "고등학교 때 사용했던 번호"라고 설명하면서 농담을 던지는 순간도 있었다. "사실 에인절스에서 27번을 달고 싶은 마음도 있었는데, 누가 이미 쓰고 있더라"고 얘기해 팬들의 웃음을 이끌어내기도 했다. 알다시피 에인절스의 등번호 27은 팀을 넘어 메이저리그를 대표하는 스타, 마이크 트라웃이 선점하고 있는 상태였다. 또한 취재진의 질문을 받기 전 자신의 마지막 발언 시간을 할애하여 결혼식으로 인해 입단식 행사에 불참할 수밖에 없었던 트라웃에게 축하 인사를 건네며 '예비 팀 동료'로서의 역할을 충실히 하는 것도 잊지 않았다.

이날 오타니가 밝힌 '에인절스 선택의 이유'는 간단했다. "인연을 느꼈다(縁を感じた)"는 것이었다. 여기에서 '縁(인연 연)'의 의미는 에플러 단장의 기자회견 답변에서도 다시 등장하는데, 그는 "선수의 재능을 살리기 위해서는 당사자와 구단의 'connectivity(연결)'이 중요한데, 에인절스 관계자 전원으로부터 자신을 향한 헌신을 느낀 것이 오타니가 팀을 선택함에 있어 큰 비중을 차지한 것 같다"고 밝힌 것이다. 실제로 에플러 단장은 스카우트로 근무했던 2013년부터 오타니를 보기 위해 10차례가량 직접 일본을 방문했을 정도로 많은 공을 들여왔다. 단지 하늘이 내려준 인연이라고 하기에는 에인절스가 오타니와 이어지기 위해 행한 노력이 너무도 대단하고 또 꾸준했다.

### "팔꿈치 수술 가능성 있다" 오타니 부상 소동

입단식을 치른 지 4일 밖에 되지 않은 12월 12일 저녁, 미국 유력 매체 중 하나인 〈야후 스포츠(Yahoo Sports)〉에서 특종 보도가 나왔다. 베테랑 기자 파산의 기사에는 오타니가 경미하기 하지만 팔꿈치에 인대 손상(grade 1 sprain; 1도 염좌)이 있고, 앞서 10월에 이 부상을 완화하기 위해 혈소판 풍부 혈장(PRP; Platelet-Rich Plasma) 주사 치료를 받았다는 내용이 담겨 있었다.

오타니의 이 같은 부상 이력과 치료 사실은 포스팅 이전에 모든 메이저리그 구단들에게 제공되었기에 새로운 일은 아니었지만, 투수에게 민감한 팔꿈치 부상이라는 점과 당장은 경미하다 하더라도 인대를 다쳤다는 점은 추후 토미존 서저리(Tommy John surgery; 팔꿈치 인대 접합 수술) 가능성이 높다는 점에서 많은 팬들의 우려를 부르기에 충분한 것이었다. 게다가 이 보도는 매년 메이저리그 고위층이 한 자리에 모이는 '윈터 미팅(Winter Meetings)' 중 알려졌다는 점에서 더 큰 가십이 되었다. 이전까지는 모두가 오타니 쟁탈전에서 승리한 에인절스를 부러워하는 입장이었다면, 이제는 모두가 불안한 시선을 보내는 것으로 180도 처지가 바뀐 것이다.

논란이 커질 조짐이 보이자 에플러 단장은 직접 진화에 나서기로 한다. 에인절스는 다른 모든 구단들과 마찬가지로 해당 메디컬 리포트를 진작에 확인했고, 오타니가 공식 계약을 체결한 12월 7일, 팔꿈치와 어깨 모두 MRI 촬영을

했으며 이상이 없다고 천명한 것이다. 그제서야 많은 팬들이 안도의 한숨을 내쉬었지만, 한 가지는 그 어느 때보다 쿵명해졌다. 제 아무리 투타를 병행할 수 있을 정도로 특별한 재능을 갖춘 오타니이지만, 부상 우려 소식과 함께 그 역시도 결국 '관리'를 받아야 하는 한 명의 평범한 선수라는 것이었다. 특히, 선발 투수로서의 기용법에 대해 많은 의문점이 따라붙기 시작했다.

### '오타니 기용법 배우러 가자' 에인절스의 일본행

부상 우려가 공론화되자 에인절스 구단은 '오타니 기용법'을 배우기 위해 직접 일본을 찾기로 결정한다. 이 출장에는 에플러 단장 외 팀의 고문으로 있는 과거 골드 글러브 3루수 에릭 챠베즈, 그리고 트레이닝 스태프 두 명이 동행했다. 이들의 목적은 오타니의 옛 소속팀인 닛폰햄 구단 관계자들을 만나 선수의 루틴과 몸 관리를 어떻게 해왔는지에 대한 노하우를 전수받는 것이었다.
그리고 에플러 단장 일행은, 실제로 닛폰햄의 훈련장에서 히로시 요시무라 단장 및 구리야마 감독 등과 45분가량 미팅을 진행했고, 이 자리에서 관리에 대한 노하우뿐 아니라 지난 5시즌 동안 오타니의 몸 상태와 관련한 여러 데이터를 공유받았다. 나중에 밝혀진 사실이지만, 이 자리에서 구리야마 감독은 '애제자' 오타니의 성향에 대해 중요한 '팁'을 에인절스 구단 측에 전달했는데 오타니는 피로가 누적된 상황이 와도 쉬고 싶다는 이야기를 하는 선수가 아니라는 것이었다.
또한 자신이 생각했을 때 '마이크 소시아 감독은 오타니를 쉼 없이 뛰도록 밀어붙일 것 같다'는 일종의 우려를 전했다. 그러면서 에인절스 구단도 오타니를 최대한 많이 뛰게 하고 싶겠지만, 그렇다고 혹사를 시켜선 안된다는 점을 주지시켰다. 막연하게 일본에서 그랬던 것처럼, 오타니가 5일 휴식 후 선발 등판에 나설 수 있게 팀 선발진을 '6인 로테이션'으로 꾸린다는 것 이상으로 자세한 정보를 얻을 수 있었던, 크고 작은 소득이 매우 많았던 출장은 그렇게 끝이 났다. 스프링 트레이닝까지 몇 주 밖에 남지 않은 시점이었다. 오타니가 에인절스 유니폼을 입고 뛰는 날도 정말 얼마 남지 않았다.

# MLB
## MAJOR LEAGUE BASEBALL
## 2018-PRESENT

오타니는 자신이 일본 최고의 선수이기 때문에 메이저리그에 도전하는 것은 아니라고 했다. 그저 메이저리그에서 야구를 하고 싶어서 가는 것이라고 말했다. 투수로서도, 타자로서도 일본 최고의 선수는 아니었다고 냉정한 자기 평가를 내렸지만, 일본에서 못한 것은 미국에서도 못한다는 생각은 하지 않는다고, 미국에서도 할 수 있는 것이 있을 거라고 얘기했다. 겸손함과 자신감이 모두 묻어나는 발언이었다. 그리고 그는 자신의 생각과 발언을 모두 현실로 옮겨냈다. LA 에인절스에서, 아메리칸 리그에서, 메이저리그에서.

> 통역이 필요한 선수가 메이저리그의 얼굴이 될 수 있다고 생각하지 않는다.
>
> 스티븐 A. 스미스 ESPN 평론가

나도 영어를 잘했으면 좋겠지만, 내가 미국에 온 건 결국 야구를 하기 위한 것이다. 경기장 위에서의 내 경기력이 사람들과 소통하는 '나의 방식'이 될 수 있다는 생각이다.

오타니 쇼헤이

# 01 '빅리거' 오타니의 시작
## 2018시즌

## 2월 24일 '첫 번째 실전 등판'

| | |
|---|---|
| 투수 | 1.1이닝 2피안타 2실점 1자책 1피홈런 1볼넷 2삼진 |
| 투구수 | 31구 17스트라이크 |

오타니의 새로운 소속팀이 정해졌고, 특유의 친화력으로 경기장 밖에서도 동료들과 꾸준히 친분을 쌓으며 미국 생활에 적응을 잘 하고 있다는 소식은 알려졌지만 아직 한 가지 '뚜껑'을 열지 않은 것이 있었다. 바로 오타니의 실제 경기력이었다. 그리고 2018년 2월 24일, 스프링 트레이닝 경기에서의 등판으로 그 수수께끼는 이제 막 풀릴 참이었다.

이 경기는 오타니가 나선다는 것만으로 충분한 관심을 모았다. 스프링 트레이닝 초반이었음에도 에인절스의 연고 지역인 서던 캘리포니아에 텔레비전 중계가 잡혔고, 일본에도 실시간으로 중계 방송되었음은 물론이다. 게다가 경기장엔 총 6,019명의 관중이 입장했는데, 2월 말에 열리는 시범 경기에 이 정도로 많은 팬이 몰리는 경기는 드물었다.

첫 등판이었기에 다른 선수들과 마찬가지로 오타니 역시 많은 공을 던지지 않았다. 밀워키 브루어스와의 경기에서 단 일곱 타자만 상대한 오타니는, 네 개의 아웃 카운트와 두 차례 삼진을 잡아냈다. 구위와 관련해선 명암이 존재했다. 빠르게 몸 상태를 끌어올린 덕에 97마일을 뿌릴 수 있었지만, 2회 투구 과정에서 상대 타자 키온 브록스턴에게 스트라이크존 한복판에 몰린 공을 던지다 홈런을 허용한 점은 아쉬웠다. 하지만 당시 공을 받았던 에인절스의 베테랑 포수 마틴 말도나도는 구위를 호평하며 다음 등판에서는 더 나은 모습을 보일 것 같다는 기대감을 드러냈고, 소시아 감독 역시 앞날이 더 기대된다는 칭찬을 했다.

## 2018 RECORD

104경기 22홈런 61타점 .285타율 .361출루율 .564장타율 .925OPS
10경기 4승 2패 51.2이닝 22볼넷 63삼진 3.31ERA

팀을 옮겨 새로 선수단에 합류해 정규시즌 전 스프링 트레이닝에서 난조를 보이는 것은 프로 선수에게 새로울 것이 없는 일이기에 더욱 그랬다. 그렇다면 당시 오타니는 어떤 '데뷔 소감'을 남겼을까? 그의 이야기를 옮기면 다음과 같다.

> 경기 결과를 떠나 정말 재미있게 야구를 했다. 투구 내용도 괜찮았다고 생각한다. 매년 이 시기에는 경기 리듬을 잡는 것이 어렵다. 다른 시즌 때와 특별히 다를 것은 없었다. 잘 적응해 나갈 수 있을 것 같다.

### 계속되는 부진, 쏟아지는 우려

자신의 스프링 트레이닝 시범 경기 데뷔전에서 '재미'를 언급했지만, 오타니의 시즌 준비는 순탄치 않았다. 시범경기에서 타자로 뛴 11경기에서 타율은 .125(32타수 4안타)에 불과했고 홈런은커녕 2루타 이상의 장타가 하나도 없다는 것에 일부 팬들은 벌써부터 우려의 목소리를 내기 시작했다. 타격뿐만 아니라 마운드에서의 부진도 함께 찾아왔고, 특히 3월 초 멕시칸 리그 팀인 티후아나 토로스(Tijuana Toros)와의 경기에서 3이닝 동안 6실점을 하자 그 목소리는 더욱 커져 갔다.

실제로 우려는 팬들뿐 아니라 '관계자'들 사이에서도 터져 나오기 시작했다. 익명의 한 스카우트는 스플리터를 결정구로 쓰는 일본과 달리, 미국에서는 빠르고 낙차까지 큰 커브가 다시 대세가 되어가고 있어 오타니가 이를 때려내기 어려울 것이라며 "오타니는 '수준 높은 커브'를 본 적이 없다는 점에서 고교 야구 선수와도 같은 상태라고 볼 수 있다"는 혹평을 내렸다. 또다른 관계자는 오타니가 '이도류' 선수로서 꿈을 이루기 위해서는 메이저리그가 아닌 마이너리그 레벨에 있는 선수들을 상대하는 것이 순서라는 이야기를 하기도 했다.

미국 스포츠의 원로 언론인으로서 활발한 활동을 이어가고 있던 배리 블룸은 자신의 소셜 미디어 계정을 통해 "올 봄 오타니에 대한 칼럼을 벌써 다섯 차례나 썼고, 그의 경기를 유심히 지켜봤지만 투수로서도, 타자로서도 준비가 되지 않은 상태로 시즌을 시작하게 될 것이다. 오타니에게 문제가 있다는 것을 알기 위해 스카우트들에게 물을 것도 없다. 오타니는 투구와 타격 양면에서 모두 문제가 있다"는 혹평을 남겼다. 자칫 '이도류'가 아닌, '이도 저도 아닌 선수'로 전락할 수도 있다는 목소리가 본격적으로 나오기 시작한 것이다.

### 3월 29일, 개막전에서의 ML 통산 첫 안타

| 오클랜드전 | 5타수 1안타 1삼진 |
| --- | --- |
| 5타석에서 본 총 투구수 | 14구 |

'8번 타순, 지명 타자'. 오타니의 메이저리그 커리어는 그렇게 시작됐다. 시범경기 성적은 아쉬웠지만 시즌 개막전에서 곧장 빅리그 데뷔전을 치르게 된 그의 첫 안타는 오래 걸리지 않았다. 2회초 2아웃에서 타석에 들어선 오타니는, 오클랜드 애슬레틱스의 선발 투수 켄달 그레이브먼의 91.5마일 커터 초구를 잡아당겨 우익수 앞으로 흐르는 안타를 뽑아냈다.

당시 원정경기였던 탓에 오타니가 타석에 들어섰을 때 일부 오클랜드 팬들의 야유 소리가 나왔고, 이른 새벽부터 경기를 중계방송하고 있던 일본 NHK TV 캐스터-해설자 역시 "야유가 나오고 있는 것입니까?"라며 재미있다는 반응을 보였다. 중계진이 말을 이어가려던 찰나에 적극적인 초구 공략으로 그들의 탄성을 자아내게 만든 오타니의 첫 안타는, 그래서 더 선연적이었다. 베이브 루스 이후 100년 가까이 누구도 제대로 해낼 수 없었던 투타 병행 도전에 대한 일각의 회의적인 반응을 꺾었다는 점에서 바로 그랬다.

### 4월 1일, 우려 날린 '선발 투수' 오타니의 첫 승

**오클랜드전** 6이닝 3피안타 1피홈런 1실점 1볼넷 6삼진
**투구수** ──────────────── 92구 63스트라이크

'원래 포지션이 투수가 아닌 선수가 시즌 첫 10경기 중 개막전에 타자로 나서고, 나머지 9경기 중 한 경기에 선발 투수로 출전'한 사례는 지난 1919년 베이브 루스(당시 보스턴 레드삭스) 이후 아무도 없었다. 99년 만에, 거의 1세기가 지나서 다시 보게 되는 투타 겸업 '이도류'의 시작. 그 첫 경기에서 오타니는 최고 구속 99.6마일(시속 약 160.2km)을 찍으며 시범 경기 부진에서 비롯된 일각의 의심을 완전히 베어냈다.

공만 빠른 것이 아니었다. 스플리터까지 살아난 오타니는, 루킹 스트라이크 16개에, 그보다 더 많은 18개의 헛스윙 스트라이크를 기록할 정도로 폭발적인 구위로 타자들을 압도하며 경기 중 한 때 15명의 타자 중 14타자를 범타 처리했다. 그야말로 경기를 지배한 것이다. 등판 후 인터뷰에서 팀이 이겨서 더 좋다고 했지만, 자신의 투구에 대해서도

"확실히 매우 기쁘고, 내용에 만족한다"며 기쁨을 감추지 않았을 만큼 흠잡을 데 없는 경기였다.

경기 내내 오타니의 구위에 눌려 있던, 당시 오클랜드에서 뛰고 있었던 맷 채프먼 역시 깊은 인상을 받은 듯했다. "정말 좋은 구위를 보였고, 오늘 경기에서 제구력도 굉장히 좋다는 것을 보여줬다. 공이 몸쪽으로도, 바깥쪽으로도, 높은 쪽으로도, 낮은 쪽으로도 꺾인 탓에 우리 팀 모두 꾸준한 컨택을 만들어내기 정말 힘들었다"며 완패를 시인했다.

### 4월 3일, 커리어 첫 홈런. 그렇게 시작된 3경기 연속 홈런포

**4월 3일** ─────────── 4타수 3안타 1홈런 3타점
**4월 4일** ─────────── 5타수 2안타 1홈런 2타점
**4월 6일** ─────────── 4타수 1안타 1홈런 2타점

선발 등판 후 하루 휴식을 취한 오타니는 드디어 홈 팬들 앞에서 첫 선을 보이게 된다. 4월 3일 클리블랜드전에서

8번 타자 지명타자로 선발 출전한 오타니는 메이저리그 데뷔 후 홈에서의 첫 타석에서 곧바로 홈런을 때려낸다. 1회 6득점의 '빅 이닝'을 완성하는 스리런 아치였다. 이틀 전 99.6마일을 던진 '선발 투수'가 이제는 타석에서 홈런포를 쏘아 올리자 미국 현지 캐스터는 "빅 플라이, 오타니상! (Big fly, Ohtani-san!)"이라고 되치며 스타 탄생을 알렸다. 일본어가 들어간 이 홈런 콜 하나로, 당사자인 빅터 로하스 캐스터는 일본 팬들 사이에서 호제의 인물로 떠오르기도 했다.

오타니의 배트는 다음 날에도 거침없이 돌았다. 이번에는 전년도 2017 시즌, 아메리칸 리그 사이영상 수상자였던 코리 클루버를 상대로 시즌 2호포를 날린 것이었다. 타구 속도는 100마일. 상상 속의 유니콘 같은 존재였던 오타니의 '실체'는, 마운드에서든 타석에서든 100마일을 만들어낼 수 있는 불가사의한 존재 그 자체였다.

여기에서 끝이 아니었다. 오타니는 하루 휴식 후 가진 4월 6일 오클랜드 전에서 다시 한 번 외야 담장을 넘기는 홈런포로 3경기 연속 홈런을 달성한다. 메이저리그에서 타자로서 첫 안타, 투수로서 첫 승을 달성했던 팀을 상대로 또 한 번 잊지 못할 기록을 남긴 것이다(이후 오타니는 오클랜드만 만나면 맹활약을 이어가며 '천적 관계'를 구축하는 데 성공한다. 2013부터 2022년까지, 다섯 시즌 동안 오클랜드 상대로 뽑은 홈런만 13개로 이는 본인의 특정 팀 상대 최다 기록이며, 상대 OPS 역시 .897로 엄청나게 강한 모습을 보였다. 마운드에서는 승운이 따르지 않았지만, 10경기에서 4승(4패), 평균 자책점 2.50을 기록했다. 또한 57.2이닝을 던지는 동안 삼진 무려 69개나 쓸어 담으며 역시 자신의 특정 팀 상대 최다 삼진 기록을 갖고 있다).

### 4월 8일, '자신에서 확신으로' 12K 삼진쇼

'또' 오클랜드였다. 이틀 전 타자로 홈런을 빼앗았고, 그 이전에는 투수로서의 첫 승을 따낸 애슬레틱스를 상대로 오타니가 다시 마운드에 올랐다. 그리고 결과는, '역시나' 였다. 이번에는 더 압도적이었다. 오타니는 7이닝 동안 삼진을 12개나 쓸어 담았다. 91개의 투구수 가운데 59개가 스트라이크였을 정도로 공격적인 투구를 이어갔고,

Mike Scioscia

# 만나자마자 이별
## 빅리그 첫 감독과 오타니의 짧았던 인연

2018년 정규 시즌이 끝난 9월 30일, 에인절스 구단이 소시아 감독과의 결별을 공식 발표했다. 3시즌 연속 5할 미만 승률에 대한 책임을 물은 것이 아니냐는 전망이 있었지만, 다음날 에인절스의 존 카피노 사장은 "감독직에서 내려오겠다는 결정은 소시아 본인이 한 것"이라며 밝혔고, 지난 19년간 팀을 이끌어준 것에 대한 감사의 뜻을 공개적으로 내비쳤다. 이미 8월 초 '소시아가 올해를 끝으로 감독직에서 물러날 것'이라는 보도가 있었지만, 2002년 월드시리즈 우승을 이끌고 팀의 중흥기를 함께 했던 노장의 퇴진은 그 자체로 '사건'이 아닐 수 없었다. 오타니의 에인절스 공식 입단 전 미팅에서도 함께 자리하며 시작된 인연이었지만, 그 연은 채 1년을 채우지 못하고 끝이 났다.

그러면서도 24개의 헛스윙을 이끌어낼 정도로 오클랜드 타선을 완전히 지배했다.
압도적인 구위는 피안타가 단 한 개뿐이었다는 사실로 증명되었는데, 그마저도 7회초 원아웃 이후 나온 것이었다. 오클랜드 입장에서는 퍼펙트 패배를 당할 우려에 아웃카운트가 여덟 개 밖에 남지 않은 상황에서 나온 천금 같은 안타였다. 이 경기를 통해 오타니를 향한 미국 야구계의 '불신'은 사실상 완전히 사라지게 됐다. 시범경기에서 보인 극심한 부진은 모두의 기억에서 사라지고 '신인왕은 따 놓은 당상'이라는 반응이 소셜 미디어를 중심으로 퍼져 나가기 시작했다.

**압도적인 득표, 신인왕 수상 '영예'**

개막 후 열흘 동안 강렬한 첫 인상을 남긴 오타니는, 이후 꾸준한 모습까지 보여주며 압도적인 차이로 아메리칸 리그 2018 신인왕 트로피를 움켜쥔다. 전국구 구단 뉴욕 양키스의 유니폼을 입고 각각 27홈런, 24홈런을 때린 미겔 안두하와 글레이버 토레스의 활약도 정말 훌륭했지만, 22개의 홈런과 .925라는 높은 OPS, 무엇보다 마운드 위에서도 10경기 동안 4승 2패 평균자책점 3.31을 기록하며, 이닝보다 많은 63개의 삼진을 잡아낸 '이도류' 선수를 따라잡기는 역부족이었다. 결국 미국 전미 야구협회 기자단(BBWAA; Baseball Writers' Association of America)의 신인왕 투표 전체 1위표 30장 중 25장이 오타니에게 쏠렸다. 이렇게 오타니는 에인절스 구단 역대 세 번째 신인왕(1993년 팀 샐먼, 2012년 마이크 트라웃 수상)이 되었고, 일본인 선수로서는 네 번째 수상이었다. 오타니에 앞서 메이저리그에서 신인상을 받은 일본인 선수로는 노모 히데오(1995년, LA 다저스), 카즈히로 사사키(2000년, 시애틀 매리너스), 그리고 이치로 스즈키(2001년, 시애틀 매리너스) 등이 있었다.
메이저리그는 수상 자격과 관련해서는 타 리그 경력을 배제하므로 오타니처럼 이미 다년간의 NPB 커리어가 있는 선수도 신인왕을 수상할 수 있었다. 이 같은 규정으로 조금은 어색한 신인왕이 배출된 사례도 있었는데, 앞서 언급한 선수 가운데 사사키는 2000년 수상 당시 이미 32세의 베테랑 마무리 투수였다.
재미있는 것은, 정작 당사자인 오타니는 시즌 초반 보여준 '임팩트'에도 불구하고 불안에 시달렸다는 부분이다.

오타니는 신인왕 수상 후 미국 기자단 인터뷰에서 "3경기 연속 홈런에 호투를 펼쳤던 시즌 초반에도 그게 운이 좋았던 것인지, 내 실력이었는지 확신할 수 없었다"면서, 세간의 생각과는 다르게 시즌 초부터의 불안을 토로하는 의외의 모습을 보이기도 했다.

## 오타니 전담기자만 50명
# 일본 언론의 취재 열기

일본 야구를 대표하는 최고의 스타 선수인 오타니가 메이저리그에 진출하면서, 그 취재 열기 또한 그 어느 때보다 뜨거웠다. LA 에인절스 구단에 따르면, 2018년 시범경기 때 취재증을 발급받은 일본 취재진만 80명이었으며, 정규 시즌에 들어갔음에도 그대로 미국에 남아 머일같이 오타니를 취재하는 인력만 50여 명이었고, 그가 선발 투수로 등판하는 날에는 통신원 등이 유입되며 그보다 많은 일본 언론 관계자가 경기장을 찾았다.

이 같은 취재열기는 오타니의 부상과 코로나 바이러스 창궐로 인한 취재 제한이 있었던 2019년과 2020년에 주춤했지만, 2021년 그가 기록적인 시즌을 보내게 되자 전염병이 아직 종식되지 않은 시점이었음에도 다시 일본 취재진의 수가 하루 평균 50명을 넘나들며 오늘에 이어지고 있다. 하지만 닛폰햄 구단 방침에 따라 인터뷰를 자주 하지 않았던 탓인지, 기자들은 마이크 앞에 잘 서지 않고 말수도 적은 오타니를 보며 발을 동동 굴렀던 적이 잦았던 모양이다. LA 에인절스 담당 기자 중 한 명인 제프 플레처 기자의 저서 『Sho-Time: The Inside Story of Shohei Ohtani and the Greatest Baseball Season Ever Played』 속에는, 일본인 기자들이 "오타니가 일대일 인터뷰를 해주지 않아 모든 언론사가 다 공동 취재 때 듣는 똑같은 말을 쓸 수밖에 없다"며 아쉬워했고, 지나칠 정도로 '교과서적인 답변'만 내놓는 것을 보며 미일 취재진 중 일부가 그를 가리켜 "로봇"으로 불렀다는 대목이 등장한다.

02

# 이도류를 내려놓고 타자에 전념하다
## 2019시즌

MLB 데뷔 시즌 폭발적인 활약으로 단숨에 신인왕 트로피를 들어올린 오타니 앞엔 아무 것도 거칠게 없어 보였다. 2017년 12월, 미국 언론을 통해 알려지고 구단이 재빨리 진화에 나서야 했던 '팔꿈치 인대 부상 논란'이 현실이 되기 전까지는 말이다. 이를 이해하기 위해선 2018년, 화려했던 '신인왕 시즌' 당시 어두운 면을 다시 들춰볼 필요가 있다.

사실 에인절스는 이미 2018년부터 오타니에 대한 '관리'를 게을리하지 않았다. 단장을 포함한 주요 실무진이 시즌 개막에 앞서 닛폰햄 구단을 찾았을 정도로 '예습'도 철저했다. 그 결과 '5일 휴식 후 등판' 및 '선발 등판 하루 전에는 타자로도 출전하지 않는다'는 나름의 기용 공식을 만들어 내기도 했다.

오타니의 컨디션을 얼마나 면밀하게 살폈는지는 2018년 5월 말, 뉴욕 양키스 원정 시리즈 때 구단이 내린 결정만으로도 충분한 설명이 된다. 당시 일정상 오타니는 다나카 마사히로와 맞대결을 펼치게 되었는데, 오타니가

**2019 RECORD** 106경기 18홈런 62타점 .286타율 .343출루율 .505장타율 .848 OPS

**SEASON OUT**

공이라곤 믿기 힘든 일이었다. 6월 초에는 잠시 99마일까지 구속이 나오기도 했지만 공의 빠르기는 예전보다 확연히 줄었고, 설상가상으로 물집 부상까지 생기며 한동안 많은 공을 뿌리지 못하게 됐다. 그렇게 팔꿈치 인대 수술 가능성은 점점 수면 위로 떠오르고 있었다.

수술은 피할 수 없는 상황이었다. 오타니를 직접 진찰하거나 여러 의료 기록을 살펴본 관계자들 중 '수술할 필요가 없다'고 말한 이는 하나도 없었다. 선수 본인은 훗날 '팔이 아픈 것은 아니었고, 당긴다는 느낌이었다'고 말했지만 2018년 오타니의 팔꿈치는 수술 시기 외엔 다른 선택이 없는 상황이었던 것이다.

그럼에도 선수의 몸에 '칼'을 대는 상흔을 피하기 위해, 오타니와 에인절스는 PRP 치료와 줄기세포 치료법까지 동원했지만 오타니는 이후 3개월 동안 드물게 마운드에 서서 가끔씩 투구를 펼칠 뿐, 그 사이에 부상 부위가 다시 손상되며 팔꿈치 인대 수술을 발표하게 되었다.

2018년 9월 2일, ESPN "선데이 나이트 베이스볼" 편성과 함께 미국 전국에 중계방송된 휴스턴 애스트로스 전에서 3회부터 갑작스레 빠른 공 구속이 90.2마일(시속 약 145.2km)까지 떨어지며 강판된 지 하루 만의 일이었다.

결국 2018년 9월 26일, 오타니는 LA에서 팔꿈치 인대접합 수술을 받게 된다. 수술대에 오르는 일은 피할 수 있을지 않을까 하는, '혹시나' 했던 기대는 '역시나'로 바뀌었지만, 투수에겐 1년 이상의 휴식을 요하는 것과 달리 팔꿈치 인대 수술은 타자에겐 몇 개월 시간만 주어지면 경기 출전에 지장이 없다는 것이 불행 중 다행이었다. '이도류' 선수로서 칼 하나를 내려 놓아야 했지만, 오타니는 2019년 5월 7일 복귀전을 치르는 것으로 다시 도전에 나섰다. 비록 복구 후 첫 20경기 동안 3홈런, 타율 .250과 OPS .692로 부진했지만, 이후 51경기에서는 12홈런 30타점 타율 .311, OPS .962로 쾌활하며 건재를 알린 것이 소득이었다.

최종 성적은 106경기 18홈런 62타점 타율 .286, OPS .843. 오타니의 데뷔 시즌 '임팩트'를 감안하면 아쉬움이 없다고 할 수는 없겠지만, 팔꿈치 인대 수술 복귀 첫 해 타자로서의 역할은 합격점을 주기엔 충분한 성적이었다. 게다가 2020년이 되면 '투수' 오타니도 돌아온다는 점에서 그를 향한 세간의 관심이 다시 커져갔다. 이 때만 해도, 이듬해인 2020년 우리가 사는 세상에 어떤 일이 닥칠지는 아무도 모르고 있었다.

포스팅 되었을 당시 면접에 앞서 1차 서류전형 때 떨어트린 팀이 양키스였다는 점, 그리고 다나카가 일본을 대표하는 투수 중 한 명이라는 점에서 둘의 맞대결은 미국 뉴욕부터 일본까지 모두가 집중할 수밖에 없는 '빅 매치' 그 자체였다. 하지만 에인절스는 '체력 관리(workload management)'라는 이유를 들어 오타니의 뉴욕 등판을 건너뛰는 결정을 내렸는데, 이 탓에 뉴욕의 일부 매체가 자극적인 헤드라인으로 비난하는 일도 있었다.

불안의 첫 신호는, 무성한 뒷이야기를 감수하면서까지 등판을 미룬 5월 30일 디트로이트 원정 경기에서 일어났다. 당시 오타니의 패스트볼 구속은 91마일(시속 약 146.4km)까지 떨어졌는데, 100마일 안팎을 뿌리던 투수가 던지는

# 빅 리 거 오 타 니 의
# 두 번째 감독

지난 19년간 에인절스를 이끌었던 소시아 감독의 자진 사퇴와 함께, 에인절스는 1999년 이후 처음으로 새 감독을 맞이하게 된다. 메이저리그에서 포수로서 18시즌을 뛰고, 디트로이트 타이거즈에서 4시즌간 감독직을 수행했으며, 2018년에는 에인절스 구단에서 단장의 측근인 특별 고문(special assistant)을 맡아 프런트 오피스로 활동 범위를 넓혀가고 있었던 브래드 어스머스가 그 주인공이었다. 오타니의 두 번째 감독이 결정되는 순간이었다.
하지만, 야구에 대한 높은 이해도뿐 아니라 커뮤니케이션 능력에서 호평을 받았던 어스머스도 에인절스를 구해내진 못했다. 2019년 팀이 72승 90패(승률 .444)로 시즌을 마쳐 오히려 직전 시즌 대비 성적이 뒷걸음질쳤고, 결국 시즌 종료 이틀 뒤인 10월 1일, 에인절스는 어스머스와 재계약하지 않음을 공식 발표했다. 두 시즌 동안 두 명의 감독을 만난 '예비 3년차 빅리거' 오타니는, 이제 세 번째 만남을 준비해야 하는 상황이 됐다.

03

# 코로나19로 인한 단축 시즌, 아쉬운 성적
## 2020시즌

미국의 모든 이들이 중국 우한 지역에서 시작된 어떤 유행병을 '먼 나라 이야기'라고 생각하던 어느 날, 워싱턴주에서 첫 양성 사례가 나타나며 미국 전역에 보건 적신호가 켜졌다. 2020년 1월 20일, 미국도 전 세계를 덮친 코로나19 바이러스 사태에서 자유로울 수 없다는 것이 확인되는 순간이었다. 이후 계속해서 양성 확인 소식이 잇따르고, 주요 프로 스포츠 리그 선수들의 감염 소식이 터져 나오자 메이저리그는 결국 3월 12일, 시범경기 전체 일정 취소뿐 아니라 개막전까지 '최소 2주 연기'라는 공식 발표를 단행한다. 시범경기 일정을 보름이나 미루며 관망하고 있던 리그가 비로소 사태의 심각성을 인지한 것이었다.

이후 무수히 많은 '예상' 기사가 나왔지만, 2020 시즌의 일정이 확정된 것은 6월 23일의 일이었다. 메이저리그 사무국이 7월 23일부터 9월 27일까지의 2개월짜리 '60경기 미니 시즌'을 발표한 것이었다. 그 어느 때보다 짧은 시즌이면서, 동시에 '무관중'이라는 점에서 빅리그 선수들은 어색하게 경기를 치를 수밖에 없었는데 마이너리그는 아예 시즌이 통째로 취소되면서 그 어색함마저 느끼지 못했을 정도로, 모두가 혼란스러운 시기였다.

이 같은 혼란 속에서 컨디션 유지에 어려움을 겪는 많은 선수들이 있었고, 오타니 역시 그 중 하나였다. 앞선 2시즌 동안 도합 40홈런을 때렸을 정도로 호쾌한 타격과 팔꿈치 인대 수술에서 돌아올 '투수' 오타니의 모습을 기대하고 있었지만, 타격 컨디션을 채 끌어올리기도 전에 시즌이 끝났고, 마운드에 설 기회 역시 극히 적었다. 타자로서 44경기 7홈런 타율 .190, 투수로서는 단 두 경기에 나서 승리 없이 1패를 기록한 채 시즌을 마쳤다. 투구 이닝 역시 1.2이닝에 불과했을 정도로 아직 온전한 몸 상태가 아니라는 것만 확인했을 뿐이었다.

**2020 RECORD**
44경기 7홈런 24타점 .190타율 .291출루율 .366장타율 .657OPS
2경기 1패 1.2이닝 8볼넷 3삼진 37.80ERA

## 60경기 시즌 • 위생 관련 규정

1. 선수, 코치, 구단 직원은 포스트시즌이 끝날 때까지 매일 코로나19 의무 검사

2. 선수들은 경기장에 도착하면 곧장 코로나19 검사를 받아야 하며,
   음성 확인이 되었을 때 운동을 시작할 수 있고, 양성 반응이 나올 시 절차에 따라 격리

3. 선수들은 하루 2회 체온 및 감기류 증상 검사를 받으며,
   항체 검사는 한 달에 1회 실시

4. 다음날 등판하는 선발 투수를 비롯,
   그날 경기에 출전하지 않는 선수들은 덕아웃에 앉아 있을 수 없음

5. 이닝 교대 중 선수들은 6피트 이내의 거리 유지

6. 더그아웃과 불펜에서 마스크 착용

7. 침을 뱉거나 씹는 담배 사용 금지

8. 하이파이브 및 포옹 등 세리머니(셀러브레이션) 자제 권고

9. 벤치 클리어링 및 상대 팀 선수와의 친목 행위 금지

## 3년 차 빅리거 오타니의
# 세 번째 감독

한 시즌 만에 어스머스와 결별을 택한 에인절스의 선택은 조 매든이었다. 오랫동안 투수 코치로 활약하다 지난 14년간 탬파베이 레이스 및 시카고 컵스에서 감독으로 명망을 쌓아오고 있던 그였다. 1996년과 1999년 감독 대행으로 두 차례 에인절스의 지휘봉을 잠시 잡은 적은 있지만, 투수 코치가 아닌 정식 감독으로 다시 에인절스 유니폼을 입게 된 매든 감독은 선수단과의 친화력과 데이터 이해도 및 활용도가 높은 인물로 평가받고 있었다. 흥미로운 점은 이미 지난 2017년 12월, 당시 컵스 감독이었던 매든 감독이 오타니와 같은 '이도류'가 "앞으로 대세가 될 것(the wave of the future)"이라며 투타 겸업에 대한 큰 관심을 드러낸 바 있었다는 점이다. 당시 투타 겸업에 대해 "선수에게 해가 될 것은 없다. 오로지 어떻게 활용하느냐가 숙제로 남았을 뿐"이라고 밝혔던 매든은 이제 실제 오타니의 감독이 되어 그 활용법을 고민해야 하는 입장이 된 것이었다.

## 04 역사를 다시 쓴 남자
### 2021시즌

## 어수선했던 시작

단축 시즌으로 진행된 2020년, 에인절스가 또 한 번 루징 시즌(losing season; 5할 미만의 승률을 기록한 시즌)을 기록하자 구단주는 결단을 내렸다-. 오타니 영입에 큰 공을 세웠던 에플러 단장을 해고하기로 결정한 것이었다. 팀의 상징과도 같았던 소시아 감독이 퇴진한 지 2년 만에 에플러 역시 같은 길을 걷게 됐다. 에인절스는 후임 단장 채용을 위해 '최소 17명'의 후보들과 면접을 가졌고, 6주가 지나서야 애틀란타 브레이브스의 단장 보좌(assistant general manager)였던 페리 미나시안을 임명했다. '4년차 빅리거' 오타니는 세 번째 감독을 만나는 것도 모자라 자신의 기용과 구단의 운영 철학에 있어 큰 기둥 역할을 하는 단장직에 두 번째 인사를 만나게 된 것이다. 다만 한 가지 소득이 있다면, 본인이 원하던 '더 많은 출전 기회'에 미나시안 신임 단장과 매든 감독이 모두 동의했다는 부분이었다. 이제 '봉인'이 풀린 오타니가 어떤 모습을 보여줄지 모두의 관심이 집중되기 시작했다.

 APRIL

BATTER 23경기 26안타 8홈런 19타점 .283타율 .320출루율 .652장타율 .972OPS
PITCHER 3경기 1승 13.2이닝 7실점 5자책 13볼넷 23삼진 3.29ERA

## 폭주

화려했던 데뷔 시즌과 함께 신인왕에 올랐지만, 이후 2시즌 동안 아쉬움이 컸던 탓일까? '칼을 갈고 나온' 오타니는 4월부터 폭주하기 시작했다. 2018년과 똑같이 개막 후 두 번째 경기에서 시즌 첫 홈런을 가동한 오타니는, 첫 23경기에서 얻어낸 볼넷이 단 3개에 불과했을 정도로 극도의 공격적인 어프로치를 보여주며 상대 투수들을 당혹케 했다. 이처럼 '치고 나가는' 스타일을 가져간 것은 시즌 초반부터 타격 컨디션이 정점에 올라와 있었기 때문이다.

메이저리그에서 공식 운영하는 '베이스볼 서번트(Baseball Savant)'에 따르면, 2021년 4월 한 달 동안 '배럴 타구(Barrel; 배트 중심을 뜻하는 '배럴'로 표현될 만큼 잘 맞았다는 뜻으로, 타구 속도 98마일, 시속 약 158km 이상인 동시에 발사 각도는 26~30도 사이에 있는 타구를 이와 같이 정의한다)를 두 번째로 많이 뽑아낸 타자가 바로 오타니였다. 보스턴 레드삭스의 3루포 라파엘 데버스를 제외하면, 메이저리그의 어느 누구도 오타니보다 더 질 좋은 타구를 자주 만들어내지 못한 것이다. 이 같은 타격감과 함께 오타니는 4월에 아메리칸 리그 홈런 공동 2위(8), OPS 5위 (.972), 그리고 타점 공동 7위(19)에 오르며 폭주의 서막을 알렸다.

마운드 위에서는 3경기에서 볼넷을 13개나 허용하며 불안한 제구를 노출했지만, 되찾은 패스트볼 구속과 함께 25개의 삼진을 쓸어 담으며 부활 가능성을 보이기도 했다. 4월 한 달간 '투수' 오타니가 마운드 위에서 던진 포심 패스트볼은 총 130구로, 평균 구속은 96.9마일(시속 약 156km)에 달했다. 팔꿈치 인대 수술 후유증은 없다는 것을 시위라도 하듯 99마일(시속 약 160km)을 10차례, 100마일(시속 약 161km) 패스트볼도 9차례나 나왔을 정도로 시즌 초반기라고는 믿기 힘들 정도로 폭발적인 구위를 과시했다. 마구처럼 큰 폭의 스플리터는 41차례 던져 단 하나의 피안타도 허용하지 않았다. 우리가 알던 오타니가 돌아온 것이었다.

# 5

*MAY*

BATTER ········ 27경기 23안타 7홈런 21타점 .245타율 .339출루율 .543장타율 .882OPS
PITCHER ················· 4경기 1패 22.2이닝 6실점 13볼넷 27삼진 2.38ERA

## 숨 고르기

타율과 출루율은 다소 아쉬웠지만, 오타니의 장타는 여전했다. 27경기에서 2루타 이상의 장타를 13개(2루타 5개, 3루타 1개, 홈런 7개)를 터뜨리며 높은 장타율을 기록했다. 오타니의 '힘'은 마운드에서도 찾을 수 있었다. 4월의 제구 난조를 완전히 극복하진 못했지만, 이닝보다 많은 삼진을 잡아냈고, 실점 역시 최소화하며 월간 평균 자책점 2.38의 훌륭한 성적을 올린 것이다. 특히 5월 11일, 휴스턴을 상대로 88구 밖에 던지지 않았음에도 7이닝을 소화하며 10개의 삼진을 잡아낸 것은 팔꿈치 인대접합 수술 이후 그의 구위가 온전히 돌아오고 있음을 뜻했다.

# 6 JUNE

**BATTER** 25경기 25안타 13홈런 23타점 .309타율 .423출루율 .889장타율 1.312 OPS
**PITCHER** 5경기 2승 0패 23.2이닝 13실점 9볼넷 33삼진 4.94 ERA

### 절정의 타격감과 장타력

시즌 초반부터 심상치 않았던 오타니의 장타가 본격적으로 불을 뿜기 시작했다. 한 달 동안 오타니가 뽑은 25개의 안타 중 2루타 이상의 장타가 20개였을 정도였다. 쾌조의 컨디션을 보이며 선구안까지 살아난 오타니는. 3할 타율과 4할 출루율, 그리고 1.312의 거짓말 같은, 말도 안 되는 놀라운 OPS와 함께 아메리칸 리그 6월 '이달의 선수상'을 수상한다. 신인왕을 수상한 2018시즌에 4월과 9월 두 차례에 걸쳐 '이달의 신인상'을 받은 적은 있지만, 리그 내 모든 선수와 경쟁하여 한 달 동안 최고의 선수로 꼽힌 것은 오타니에게도 첫 영광이었다.

'투수' 오타니의 구위도 확실히 돌아왔다. 월 평균 자책점이 4.94였다는 점에서 일견 6월 성적은 부진해 보일 수 있지만, 뉴욕 양키스를 상대로 한 마지막 경기에서 0.2이닝 2피안타 4볼넷 7실점으로 무너진 경기를 제외한다면, 오타니는 네 경기에서 23이닝 6실점 5볼넷 32삼진과 함께 2승 무패 ERA 2.35를 기록했다. 이렇듯 투타에 걸쳐 신인왕 수상 시즌보다 더 좋은 페이스를 보이자 미일 언론은 다시 '이도류'에 깊은 관심을 보이기 시작했고, 오타니의 주가는 다시 올라만 갔다. 그 결과 6월 15일에 발표된 아메리칸 리그 올스타 투표 1차 집계에서 지명타자 부문 1위에 올랐고, 2주 후인 29일 2차 집계에서도 순위는 마찬가지였다. 6월은 오타니가 미 전역에서 조명을 받는, 스타덤의 '초석'을 다졌다는 점에서 소득이 큰 시기였다.

# 7
## *JULY*

**BATTER** ... 23경기 24안타 9홈런 19타점 .282타율 .396출루율 .671장타율 1.067 OPS
**PITCHER** ............................ 3경기 2승 0패 20이닝 3실점 1볼넷 17삼진 1.35 ERA

## 투타 전반 호조 그리고 올스타전

앞서 6월이 스타덤의 초석을 다지는 시기였다면 7월은 결실을 맺을 차례였다. 현지 시각으로 올스타전이 열리는 7월 13일 이전까지, 오타니는 7월의 첫 9경기에서 폭발적인 타격 능력을 유감없이 보여주었다. 5개의 홈런을 추가하며 전반기를 마친 오타니의 타격 성적은 84경기 33홈런 70타점, 타율 .279, 출루율 .364, 장타율 .698 (OPS 1.062) 였다. 타율은 다소 낮았지만, 타격 전 부문에서의 놀라운 성적으로 인해 현지에서는 후반기가 남아 있음에도 오타니의 MVP 수상 가능성에 대한 이야기가 수면 위로 떠오르기 시작했다. 이런 활약에 힘입어 아메리칸 리그 올스타 지명타자 부문 최다 득표자로 올스타 출전이 확정된 오타니는, 사무국이 간절히 바랐던 '메이저리그의 얼굴'이 되어 있었다. 전국지 〈뉴욕 타임즈(The New York Times)〉는 오타니를 가리켜 "메이저리그가 필요로 했던 바로 그 스타"라고 평가했는데, 이는 커미셔너인 로버트 만프레드도 같은 생각이었다. 일찌감치 홈런 더비에도 참가 선언을 한 오타니를 두고, 만프레드는 더 큰 흥행을 위해 그가 올스타전에서도 투수와 타자로 모두 선발 출전할 수 있도록 규정까지 바꾸며 지원했다. 이에 아메리칸 리그 올스타 팀을 이끄는 탬파베이 레이스의 케빈 캐시 감독은 "오타니를 선발 투수 겸 1번 타자로 기용하겠다"고 천명했다. 원래 규정을 적용한다면, 오타니가 선발 투수와 1번 타자로 출전하면 아메리칸 리그 올스타 팀은 지명타자 기용을 포기해야 한다. 오타니가 투구를 마친 뒤에도 타석에 계속 서려면, 다른 포지션에서 수비를 해야 하고, 후속 투수도 타석에 들어서거나 대타를 기용해야 하는 것이다. 하지만 만프레드 커미셔너는 오타니를 더 오래 경기장 안에 세워 둘 수 있도록 투수로 등판을 마쳐도 타석에서는 '지명타자'로 남을 수 있게 했다. 올스타 팬 투표에서 리그 지명타자 부문 1위를 차지했고, 선수단 투표에서 선발 투수 상위 5명 안에 이름을 올린 선수가 전국구 스타로 확실히 자리매김할 수 있는 '기회'가 찾아온 것이다.

모든 것이 오타니를 위해 준비된 것만 같은 이날, 선발투수 오타니는 1이닝을 삼자범퇴로 막고 승리 투수가 됐다. 타석에서 2타수 무안타에 그친 것은 아쉬웠지만, 주요 매체를 통해 이름이 알려졌을 뿐 아니라 다른 팀에서 뛰고 있는 스타플레이어 선수들과 친분을 쌓을 수 있었던 좋은 기회였다. 시카고 화이트삭스의 강속구 마무리 투수, 리암 헨드릭스는 전국지 〈USA 투데이(USA Today)〉와의 인터뷰에서 "나도 오타니에게 싸인을 받았다. 경기력도 대단하지만, 그보다 더 중요한 것은 그가 정말 좋은 사람이라는 것이다. 지금껏 대화해본 이들 중 가장 친절한 사람 중 한 명이었다"며 깊은 인상을 받았음을 밝혔다. 뿐만 아니라 프레디 프리먼, 맥스 슈어저 등 리그 베테랑 선수들 모두 오타니에 대한 '극찬'을 이어갔다. 비록 올스타전 MVP 상패는 토론토의 블라디미르 게레로 주니어에게 돌아갔지만, 이날의 주인공은 오타니라고 봐도 과언이 아닐 정도로 미디어와 팬들로부터 집중적인 조명을 받았다. 누구보다 바쁜 올스타 주간을 겪었기에 피로 누적 우려가 있었음에도, 오타니의 후반기 배트는 다시 매섭게 돌아갔다. 올스타 휴식기 후의 7월 성적은 14경기 4홈런 12타점, OPS는 .982에 달했다. 그리고 이런 꾸준함 덕에 오타니는 6월에 이어 7월, 또 한 번 '아메리칸 리그 이달의 선수'에 선정되며 리그를 지배하기 시작한다.

# 8 AUGUST

**BATTER** — 29경기 19안타 5홈런 8타점 .202타율 .345출루율 .404장타율 .749OPS
**PITCHER** — 4경기 3승 0패 25이닝 8실점 3볼넷 27삼진 2.88ERA

## 타격 부진 하지만 여전히 위협적인 피칭

7월을 마친 오타니는 98경기 만에 37개의 홈런과 82타점, OPS 1.051을 기록하고 있었고, 투수로서는 80이닝을 던져 5승 1패, 평균자책점 3.04와 함께 정확히 100개의 탈삼진을 뽑아내고 있었다. 문제는 8월은 베테랑 메이저리거들에게도 까다로운 시기라는 점이었다. 피로 누적이 본격화되고 무더운 날씨 속에 컨디션을 조율하는 게 쉽지 않은데, 오타니는 '이도류' 플레이를 펼치면서, 올스타 위크 내내 수많은 인터뷰와 홈런 더비에까지 참여하는 등 '업무량'이 많아 8월에 대한 우려를 심심치 않게 찾아볼 수 있었다. 그리고 실제로, 5개의 홈런을 때리며 시즌 40홈런을 돌파하긴 했지만 8월 타격감이 크게 꺾이며 타율과 장타율이 급감했다. 준수한 출루율 외에, 모든 지표가 그러한 우려를 현실로 만들 것 같았다. 하지만 오타니에겐 투수라는 하나의 '칼'이 더 있었다. 마운드에서의 활약은 여전히 위협적이었다. 시즌 초 불안했던 제구력은 더 예리해졌고, 그 덕에 오타니는 8월 네 경기에서 패전 없이 3승을 쓸어 담았다. 6월 4일 시애틀전 승리를 시작으로 7연승 행진. 투구 감각이 살아나자 대중의 관심은 시즌 MVP 수상을 넘어 103년 만의 '10홈런, 10승 동반 달성' 여부를 향했다. 103년 전 루스가 세운 바로 그 대기록 도전과 함께, 메이저리그 공식 홈페이지는 오타니가 '야구 역사상 가장 위대한 시즌을 보낼 수도 있다'고 전하며 이 같은 관심을 뒷받침했다.

# 9 SEPTEMBER

**BATTER** 28경기 21안타 4홈런 10타점 .231타율 .412출루율 .440장타율 .851OPS
**PITCHER** 5경기 4승 1패 25.1이닝 11실점 5볼넷 29삼진 3.91ERA

## 부진과 불운

출발은 좋았다. 9월 첫 등판이었던 3일 텍사스 전에서 7이닝 2실점 8탈삼진으로 시즌 9승(1패)을 달성한 오타니는, 이제 남은 일정에서 단 1승만 따내면 루스가 세웠던 '10홈런, 10승'을 동시에 달성하는 선수가 될 수 있었다. 이 때만해도 5월 28일을 끝으로 패전 한 번 없이 8연승을 달리고 있었던 그를 보며 '아홉수'를 떠올린 이는 아무도 없었을 것이다. 6일 휴식 후 가진 휴스턴 전에서도 3회말 2아웃까지는 그랬다. 게다가 이날 오타니는 1회초 타석에서 본인이 직접 선제 솔로홈런(시즌 44호)을 터뜨려 대기록 달성일에 스스로 '축포'를 쏜 것이 아니냐는 기대감마저 감돌았다. 하지만 바로 그 3회말 2아웃 이후, 무실점으로 호투하던 오타니는 갑작스러운 난조를 보였고, 시즌 두 번째로 많은 실점(6실점)과 함께 패전을 떠안아야 했다. 앞서 휴스턴전이 '부진'이었다면, 이제는 '불운'의 차례였다. '아홉수'에 걸린 프로 선수들이 그렇듯 오타니도 이 두 굴레에서 자유롭지 못했다. 8일 휴식 후 가진 19일 오클랜드전 마운드에서 오른 오타니는, '천적'다운 모습을 과시하며 8이닝 동안 삼진 10개를 쓸어 담으며 역투를 펼쳤지만, 동료 타자들의 침묵 속에 승패없이 물러난 뒤 팀이 3-2로 패하는 모습을 지켜봐야 했다. 이어 6일 휴식 후, 같은 디비전 팀인 시애틀을 상대로 선발로 나서 역시 7이닝 동안 10개의 삼진을 기록하며 역투를 펼쳤지만 이번에도 오타니는 승패를 기록하지 못한 '노 디시전' 상태로 마운드를 내려왔다. 이 두 경기 동안 오타니는 15이닝 3실점, 3볼넷 20삼진으로 제 역할을 했지만, 자신을 포함한 팀 타선이 뽑은 점수는 총 3점에 불과했다.

# 10

## OCTOBER

**BATTER** 3경기 1안타 1홈런 1타점 .125타율 .462출루율 .500장타율 .962OPS
**PITCHER**

## 리그 최종전 피날레 홈런

7대와 달리 오타니가 9월 중에 10승을 다 채우지 못하자 현지 언론은 그의 시즌 초종전 등판 가능성에 집중했다. 10월 3일, 시애틀과의 원정 경기를 끝으로 시즌을 마치는 에인절스의 일정을 두고 '오타니가 6일 휴식 후 최종전 선발 투수로 나서지 않겠느냐'는 기대가 커지려던 참이었다. 하지만 매든 감독은 9월 30일 인터뷰를 통해 "오타니는 올해 더 이상 투수로 등판하지 않는다. 남은 경기에선 타자로 출전한다"며 기록 도전을 위한 선수 기용은 없음을 공식 발표했다. 2019년에는 아예 투구를 하지 못했고, 2020년에도 1.2이닝 소화에 그친 오타니가 그 해 130.1이닝이나 던진 점이 주된 이유로 꼽혔다. 아쉬움이 컸던 것일까? 오타니는 정규 시즌 최종전에서 홈런을 추가한다. 시즌 46호 홈런이자 정확히 100타점을 달성하는 솔로포였다. 33개의 홈런을 기록했던 전반기 대비 페이스가 크게 떨어진 후반기(13홈런) 탓에 50홈런을 채우지는 못했지만, 최종전 홈런은 그의 화려한 시즌에 마침표를 찍는 '축포'가 되기에 충분했다. 155경기 46홈런 100타점 26도루, 타율 .257, 출루율 .372, 장타율 .592. 여기에 리그에서 가장 많은 3루타(8개)와 고의사구(20개)를 받으면서 타자 성적 만으로도 강력한 MVP 후보로 손색없는 시즌을 보냈다. 여기에 23경기에 선발 등판, 130.1이닝을 던지며 156개의 삼진으로 9승(2패)을 따내며 평균 자책점 3.18을 기록해 '투수'로서도 출중했던 오타니는 리그 최우수 선수로의 '대관식'만 남겨둔 상황이었다.

# 11 NOVEMBER

## 2021년 11월 18일 '만장일치'

오타니는 가장 많은 홈런이나 타점, 타율을 기록한 타자도 아니었고 규정이닝을 채운 투수도 아니었다. 하지만 선수의 가치를 두고 가장 널리 사용되는 지표 중 하나인 WAR(Wins Above Replacement, 대체선수대비 승리기여도) 측면에서 대표적인 집계처 두 곳, 베이스볼 레퍼런스(Baseball-Reference)와 팬그래프(FanGraphs)에서 나란히 전체 1위를 차지했을 정도로 압도적인 시즌을 보냈기에 그의 수상을 예측하는 것은 그리 어려운 일이 아니었다. 게다가 '오타니를 올스타전에 더 오래 세워 둘 수 있도록' 규정까지 바꿨을 정도로 전국구 스타로 거듭난 그가 '인지도'에서 밀리는 일 또한 없을 터였다. 그렇게 2021년 11월 18일. 메이저리그에서 역사가 탄생했다. 오타니가 아메리칸 리그 MVP를 수상했을 뿐 아니라 역대 열아홉 번째 '만장일치' 수상자로 이름을 올리게 된 것이다. 3회나 MVP를 수상한 간판스타 트라웃(2014, 2016, 2019년)을 제외하면 2004년의 블라디미르 게레로를 마지막으로 새로운 MVP를 만나지 못했던 에인절스에 또 한 명의 스타가 탄생했음을 알리는 신호였다. 이 수상은 예상대로 일본에서도 '경사'로 이어졌다. 지난 2001년 스즈키 이치로 이후 역대 두 번째 일본인의 메이저리그 MVP 수상에 열도도 열광했다. 수상 소감에서 "어린 시절, 이치로가 MVP를 받는 것을 보며 나도 언젠가 빅리그에서 뛰고 싶다는 생각을 했다"고 밝힌 오타니는, 이어 "지금 나를 보고 있는 아이들에게 나도 그런 사람이었으면 좋겠다. 그리고 언젠가, 나를 보고 있는 그 아이들 중 하나와 함께 뛸 수 있는 날이 온다면 정말 특별할 것"이라며 감격 어린 소감을 밝혔다.

# 05 도전자로 돌아간 오타니
## 2022시즌

## 메이저리그의 '새 얼굴'이 된 남자

2021년, 영화보다 더 영화 같은 기록을 달성한 오타니는 어느새 메이저리그의 '얼굴'이 되어 있었다. 시즌 중반 ESPN 소속 평론가 스티븐 A. 스미스가 방송 중 "통역이 필요한 선수가 메이저리그의 얼굴이 될 수 있다고 생각하지 않는다"고 발언한 이후 논란이 격화되자 다음날 곧바로 사과하는 해프닝이 있기도 했다. 이에 대해 오타니는 약 6개월 후인 2022년 1월, GQ 매거진과의 인터뷰에서 "나도 영어를 잘했으면 좋겠지만, 내가 미국에 온 건 결국 야구를 하기 위한 것이고, 경기장 위에서의 내 경기력이 사람들과 소통하는 '–I의 방식'이 될 수 있다는 생각"이라며 크게 개의치 않는다는 반응을 보였다. 미국의 여러 유력 매체들은 이미 오타니를 리그의 아이콘으로 치켜세우고 있었고, 유명 비디오 게임 〈MLB The Show〉의 2022년 에디션에 표지 모델이 되면서 '얼굴 논란'은 사라졌다(북미 4대 프로 스포츠를 배경드로 한 게임을 통틀어 아시아 선수가 표지 모델을 맡게 된 것은 오타니가 사상 최초였다). 그의 인지도와 스타성은 더욱 커져갔고, 2022년부터는 선발 투수 겸 타자로 출전한 선수가 마운드에서 내려간 이후에도 타석에는 지명타자로 계속 들어설 수 있도록 규정이 바뀌었다는 점과 함께 'MVP 2연패'에 대한 기대감도 더욱 높아질 뿐이었다.

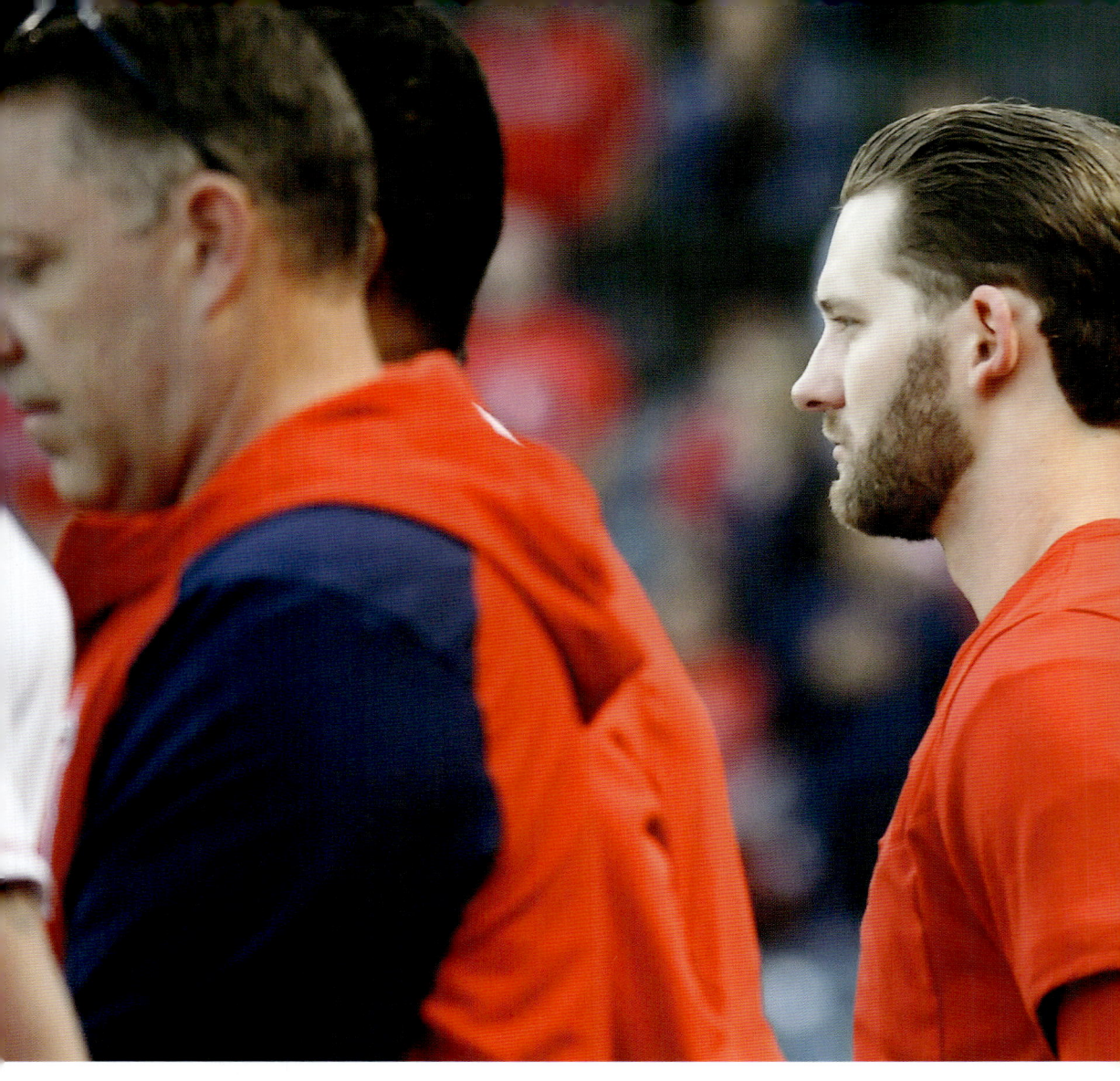

# 4

## APRIL

**BATTER** 21경기 22안타 4홈런 11타점 .247타율 .295출루율 .427장타율 .722OPS
**PITCHER** 4경기 2승 2패 19.1이닝 9실점 5볼넷 30삼진 4.19ERA

## 산뜻하지는 않았던 시즌 스타트

시즌 출발은 순탄치 않았다. 메이저리그 노사 협상 결렬과 함께 원래 예정되어 있던 각 팀의 첫 두 시리즈가 모두 취소되었기 때문이다. 선수들과 사무국의 힘겨루기 속에 미궁에 빠졌던 개막일은 3월 중순에서야 일정이 확정되었다. 불행 중 다행으로 원래 계획보다 일주일만 지연 개막하게 되어 '최악의 상황'은 면했다. 노사 협상이 순조롭지 못하자 '시즌이 더 축소되면 일부 선수는 FA 자격 획득이 1년 뒤로 미뤄지는데, 오타니도 그 중 하나일 수 있다'며 우려 섞인 반응을 보이던 일본 유력 언론과 팬들은 크게 한숨을 돌릴 수 있게 됐다. 개막 첫 달은 타격보다 투수로서의 역할에서 더 조명을 받았다. 일찌감치 '개막전 선발투수'로 낙점 받은 오타니는 첫 경기에서 4.2이닝을 던지며 1실점 9삼진으로 활약했지만 본인을 포함한 팀 타선의 지원을 받지 못해 패전 투수가 됐고, 두 번째 경기에서는 3.2이닝 동안 6실점으로 무너지며 2연패를 당했다. 하지만 4월 20일 휴스턴 원정에서 6이닝 1피안타 12탈삼진 무실점으로 시즌 첫 승을 따냈는데, 이 경기에서 5이닝 퍼펙트를 기록한 뒤 6회에도 마운드에 오른 오타니를 상대로 니코 구드럼이 기습번트를 대자 오히려 휴스턴 홈 팬들이 야유를 보내는 진풍경이 펼쳐지기도 했다. 이어 7일 후 오타니는 클리블랜드를 상대로 승리를 추가하며 2연승과 함께 4월을 마감할 수 있었다.

# 5 MAY

**BATTER** 28경기 25안타 7홈런 21타점 .250타율 .348출루율 .510장타율 .858OPS
**PITCHER** 4경기 1승 1패 25이닝 8실점 5볼넷 33삼진 2.88ERA

## 슬슬 터지기 시작한 장타

오타니의 배트는 5월 초까지도 부진에서 헤어나오지 못했다. 5월 첫 8경기에서 홈런 없이 타율 .192에 그칠 정도로 극심한 슬럼프를 겪었지만, 5월 9일 3안타 2홈런 5타점으로 '대폭발'한 것을 시작으로 이후 20경기에서 7홈런 17타점, 그리고 .608의 장타율로 완전히 달라진 모습을 보였다. 그리고 이 과정에서 마쓰이 히데키와 스즈키 이치로에 이어 역대 일본인 메이저리거 세 번째 '메이저리그 100홈런'을 기록했으며, 베이브 루스에 이어 '투수로 250삼진 이상, 타자로 100홈런 이상'을 기록한 역사상 두 번째 선수로 이름을 올렸다.

한편, 5월 26일 경기에서는 토론토 블루제이스의 선발투수 류현진과 처음 '한일 맞대결'을 펼쳐 양국에서 특히 큰 관심을 모았다. 당시 오타니는 타자뿐 아니라 선발투수로도 경기에 나섰기에 더 큰 화제가 되었는데, 결과는 5이닝 2실점으로 효율적인 투구를 펼친 류현진의 승리였다. 오타니는 6이닝 동안 강속구와 스플리터를 앞세워 삼진 10개를 잡았지만, 피홈런 2개와 함께 5실점으로 부진하며 시즌 3패째를 떠안았다. 이날 류현진은 경기 후 인터뷰에서 "오타니에게 큰 것만 맞지 말자는 생각으로 준비했다"는 소감을 밝혔는데, 실제로 2타수 무안타 1볼넷으로 판정승을 거뒀다. 한국인 투수와 일본인 투수의 선발 맞대결에서 한국인 선발 투수가 승리한 것은 2006년 8월 2일 김병현(당시 콜로라도 로키스)이 오카 도모카즈(당시 밀워키 브루어스)를 꺾은 이후 처음 있는 일이었다.

# 6

JUNE

BATTER ....... 26경기 28안타 6홈런 17타점 .298타율 .398출루율 .575장타율 .973 OPS
PITCHER ..................... 5경기 4승 1패 29.2이닝 5실점 7볼넷 38삼진 1.52 ERA

## 타자로는 6홈런, 투수로는 선발 4승

오타니의 2022년 6월 타격을 이야기할 때 빼놓을 수 없는 경기가 있다. 바로 6월 21일, 캔자스시티를 상대로 한 6타수 3안타 2홈런 8타점의 '미친 활약상'이 그것이다. 이날 오타니는 첫 타석 안타와 함께 방망이를 '예열'한 뒤 1-6으로 밀리며 패색이 짙던 6회말, 무사 1,2루에서 추격하는 3점 홈런을 터뜨리며 경기 분위기를 바꾸어 놓았으며, 이어 5-7로 뒤지고 있던 7회말엔 희생 플라이를 날리며 1점차 경기를 만들었다. 그리고 팀 불펜의 난조로 7-10으로 열세에 놓여있던 9회말 1아웃 1, 2루 상황. 오타니는 동점 3점 홈런을 터뜨리며 홈팬들을 열광하게 만들었다. 여기에 연장 11회말에는 또 한 번 희생 플라이를 날리며, 개인 한 경기 최다 타점(8타점)을 기록한다. 비록 팀은 패했지만, 오타니가 얼마나 무서운 타자인지, 또 한 번 전세계 야구 팬들 앞에서 스스로를 증명한 하루였다. '괴물' 같은 활약은 마운드에서도 이어졌다. '8타점 경기' 다음날 선발 등판에서는 8이닝 동안 실점없이 삼진 13개를 쓸어 담으며 시즌 6승(4패)를 기록했고, 7일 뒤 시카고 화이트삭스 전에서도 5.2이닝 동안 실점없이 11삼진과 함께 선발 투수로 4연승을 내달렸다. 절정에 오른 듯한 오타니의 투구 감각과 압도적인 구위는 그대로 7월로 이어진다.

# 7

## JULY

**BATTER** 24경기 19안타 5홈런 13타점 .224타율 .359출루율 .459장타율 .818 OPS
**PITCHER** 4경기 2승 2패 25.1이닝 10실점 9자책 6볼넷 44삼진 3.20 ERA

### 타격은 다소 주춤, 구위는 압도적

6월 마지막 두 차례 선발 등판에서 두 자릿수 탈삼진을 기록한 오타니의 폭발적인 구위는 7월에도 계속됐다. 7월 6일 마이애미 말린스를 상대로 10삼진, 7월 13일 휴스턴을 상대로 12삼진, 7월 22일 애틀란타를 상대로 11삼진, 그리고 마지막 7월 28일 텍사스를 상대로 11삼진. 등판한 4경기에서 모두 10개 이상의 탈삼진을 기록했다. 오타니는 특유의 강속구와 스플리터 조합의 볼 배합으로 빅리그 타자들을 압도했다. 애틀란타전에서는 경기 중 갑작스러운 난조로 6실점, 이어 텍사스전에서는 타선의 도움을 받지 못해 2실점 호투에도 불구하고 패배를 기록했지만, 그가 가진 구위를 확인하기엔 충분한 시기가 바로 7월이었다. 6경기 연속 두 자릿수 삼진과 함께, 이 시기는 그 어느 때보다 '투수 오타니'에 대한 기대치가 높아진 때이기도 했다. '적장' 텍사스의 우드워드 감독이 "마치 위플볼처럼 움직인다"고 극찬했을 정도로 슬라이더의 위력이 나날이 더해지고 있어 더욱 그랬다. 위플볼(Wiffle ball)은 플라스틱으로 만든, 중간에 바람구멍이 뚫린 공을 말한다. 실제 야구공과는 재질도 다르고 중간중간 구멍까지 있기에, 이를 던지게 되면 실제 경기에서는 볼 수 없는 특이한 궤적이 나오는 것이 흥미로운 특징이다. 우드워드 감독의 표현은 오타니의 슬라이더가 그 정도로 타자들이 대응하기 어려운 볼이라는 것을 나타낸 것이다.

# 8

## AUGUST

**BATTER** 28경기 32안타 8홈런 20타점 .317타율 .386출루율 .654장타율 1.040 OPS
**PITCHER** 5경기 2승 2패 28.2이닝 8실점 7자책 10볼넷 31삼진 2.20 ERA

### 절정의 타격감, 불운 섞인 호투

8월 첫 경기였던 3일 오클랜드 전에서 패전투수가 된 오타니는, 9승에 머문 채 3연패를 기록하며 2021년의 지독한 '가뭄수'를 재현하는 듯했다. 하지만 6일 후 다시 만난 오클랜드를 상대로 기어코 승리투수가 된 오타니는, 1918년 베이브 루스 이후 104년 만에 '단일시즌 10승-10홈런'이라는 놀라운 대기록을 달성했다. 1918년 베이브 루스는 보스턴 레드삭스 소속으로 뛰며 타자로서 11홈런, 투수로는 13승을 거두며 활약했다. 이후 루스는 투수보다 타자 쪽에 집중하는 커리어를 택해 통산 714홈런의 기록을 남겼고, 1919년부터 은퇴 시즌인 1935년까지 투수로서는 22차례 마운드에 오르는 데 그쳤다. 이날 오타니는 의미 있는 두 가지 기록을 더 남겼다. 하나는, 본인이 타석에서 직접 홈런까지 쏘아 올리며 존경하는 선배라고 밝혀왔던 스즈키 이치로의 메이저리그 통산 홈런기록(117개)을 경신한 것이다. 물론 둘의 타격 스타일과 포지션, 뛰었던 시대가 달라 직접 비교할 수는 없겠지만, 오타니가 메이저리그 역사상 가장 뛰어난 활약을 펼친 일본인 타자의 기록을 넘어섰다는 것은 그 자체로 일본 내에서 큰 화제가 됐다. 또 한 가지는 바로 탈삼진 부문이었는데, 오타니가 미일 통산 1,000 삼진을 돌파한 것이었다. 이날 5개의 삼진을 더한 오타니는, 메이저리그 통산 379개의 탈삼진을 기록했고, 일본 프로야구 시절 기록한 624개에 더해, 토털 1,000개를 넘는 K를 새기게 됐다. 당시 MLB.com은 오타니를 가리켜 "하루 만에 하나의 업적이 아닌, 세 개의 업적을 쌓아 올렸다"며 극찬했다. 8월의 마지막 경기가 끝났을 때, 오타니는 타자로서 30홈런 80타점. OPS .888을, 투수로서는 11승 8패 ERA .267을 기록하며 강력한 MVP 후보로 이름을 올렸다. 하지만 문제는 오타니 만큼이나 놀라운 시즌을 보내고 있는 큰 '라이벌'이 있었다는 것이다. 같은 시기 동안 51홈런 113타점, OPS 1.062를 쓸어 담으며 놀라운 막판 스퍼트를 펼치고 있던 홈런 타자 애런 저지(뉴욕 양키스)의 존재였다.

# 9/10
## SEPTEMBER/OCTOBER

**BATTER** 30경기 34안타 4홈런 13타점 .291타율 .341출루율 .479장타율 .820OPS
**PITCHER** 6경기 4승 1패 38이닝 5실점 11볼넷 43삼진 1.18ERA

## 9월 그리고 10월

투타에 걸쳐 맹활약을 하고 있던 오타니였지만, MVP 경쟁자 저지와 타격 성적에서 큰 차이(30홈런-51홈런, 80타점-113타점)를 보이고 있던 점은 극복해야 할, 아니 현실적으로 조금 더 좁혀야 할 대상이었다. 결국 타석에서 얼마나 간극을 좁힐 수 있느냐에 따라 오타니의 'MVP 2연패'가 달린 상황이었다.

다만 경쟁은 생각보다 싱겁게 끝났는데, 저지가 9월 두 번째 경기부터 홈런포를 쏘아 올리더니 4경기 연속 홈런을 기록했기 때문이었다. 이 과정에서 3할 타율에 복귀한 저지는, 9월 첫 15경기 동안 8홈런 14타점 타율 .491라는 엄청난 활약으로 언론의 관심을 독차지한다. 단순히 타격 성적간 오타니에 비해 더 좋았던 것이 아니라, 1961년 로저 매리스 이후 양키스 타자로서 처음 61홈런을 기록한 데 이어 그 기록을 깨는 시즌 62번째 아치를 최종전에서 뽑아내며 '62홈런'을 쳤다는 상징성까지 갖추게 된다(매리스 이후 단일 시즌 61개 이상의 홈런 기록이 나오긴 했지만, 해당 선수들이 모두 약물 사용 논란에서 자유로울 수 없었던 점으로 인해 저지의 62홈런은 '깨끗한 기록'으로서 가산점을 받아야 한다는 것이 여론의 분위기였다).

MVP 경쟁과는 별개로, 오타니의 활약은 시즌 마지막까지 이어졌다. 본인 스스로 "MVP를 수상했던 작년보다 오히려 올해 더 좋은 시즌을 보내고 있다"고 했을 정도로 투타에서 꾸준한 모습을 보여주었다. 특히 투수로서 가장 지칠 법한 9월 이후 성적에서 안정감 있는 내용(월간 평균자책점 1.18)과 함께 38이닝을 던져 규정 이닝을 달성했고, 타석에서도 126차례 타석에 들어서며 규정 타석을 채운 것은 그의 꾸준함을 보여주는 또 하나의 금자탑이었다.

투수의 규정 이닝은 팀이 치르는 전체 경기를 기준으로, 경기당 최소 1이닝 던져야 달성할 수 있다. 2022년 메이저리그는 팀당 162경기를 치렀기에 오타니가 규정 이닝을 채우기 위해선 162이닝이 필요했는데, 9월과 10월까지 꾸준한 등판을 이어온 결과 시즌 166이닝을 기록할 수 있었다. 타자의 규정 타석은 팀이 치르는 전체 경기를 기준으로, 경기당 3.1차례 이상 타석에 들어서야 달성할 수 있다. 2022년 메이저리그는 팀당 162경기를 치렀기에 오타니가 규정 타석을 채우기 의해서는 502타석에 들어서야 했는데, 2년 연속 부상없이 시즌을 치른 덕에 666타석으로 시즌을 마칠 수 있었다. 메이저리그 역사상 '단일 시즌에 한 선수가 규정 이닝과 규정 타석을 모두 채운 사례'는 2022년의 오타니 쇼헤이가 처음이었다.

# 11

## NOVEMBER

### 완벽한 시즌, 하지만 무관의 제왕이 될 뻔했던 아이러니

타자로서 100마일 이상의 타구 스피드를 뿜어내고, 마운드 위에선 100마일 이상의 강속구를 뿌리는 '만화를 찢고 나온 남자' 오타니는 시즌내내 꾸준한 활약으로 메이저리그 데뷔 이래 가장 완벽한 이도류 시즌을 보여주었다. 하지만 미국내 주요 언론이 2022년 저지를 가리켜 '타자가 기록한 역사상 최고의 시즌'으로 치켜세우고 있었고, MVP 투표에 적지 않은 영향을 주는 소속팀의 성적 역시 에인절스에 비해 양키스가 월등했기에 오타니는 끝내 2년 연속 수상은 이루지 못했다. 투표 용지 확인 결과, 총 30장의 1위표 중 28장이 저지에게 쏠렸고, 오타니는 2장 밖에 그치지 못한 것이 MVP 1, 2위를 가른 결정적 차이였다. 올스타에 선정되긴 했지만 별도의 상을 받지 못한터라 '무관의 제왕'이 될 뻔했던 찰나. 오타니에게 희소식이 들려왔다. 11월 28일, 리그 최고의 지명타자에게 수여되는 에드가 마르티네즈상을 2년 연속으로 받게 되었다는 것이었다. 메이저리그 역사상 가장 뛰어난 선수 중 한 명이었던 에드가 마르티네즈는, 통산 18시즌을 시애틀에서만 뛰며 309홈런 1,261타점, 그리고 .312의 타율을 기록한 전설적인 선수였다. 리그 최고의 지명타자에게 주어지는 상의 이름도 그의 이름을 따 '에드가 마르티네즈 아웃스탠딩 데지그네이티드 히터 어워드(Edgar Martínez Outstanding Designated Hitter Award)'가 되었다. 한 선수가 이 상을 2년 연속으로 받은 것은 데이비드 오티즈(2003-2007년) 이후 오타니가 처음이었다.

사이영상(4위)과 MVP(2위) 모두 수상으로 이어지지 못했고, 앞서 실버 슬러거 역시 요단 알바레즈(휴스턴)에게 빼앗기며 '상복' 없는 시즌이 될 뻔했지만, 지명타자로서 뛴 경기가 알바레즈(77경기)보다 오타니(153경기)가 더 많았기에 보다 '붙박이 지명타자'에게 무게를 두고 선정하는 에드가 마르티네즈 상의 트로피는 챙겨갈 수 있었다.

## 5년 차 빅리거 오타니의
# 네 번째 감독

세상 무엇도 부러울 게 없을 것 같은 그이지만, 오타니에게 한 가지 없는 것이 있었으니 바로 '감독 복'이다. 메이저리그 입성 후 세 번째 감독이었던 조 매든이 6월 7일자로 해고된 것이다. 12연패를 기록한 바로 다음 날 매든을 내보낸 에인절스는, 3루 코치였던 필 네빈을 임시 감독에 임명하며 또 한 번 사령탑에 변화를 주었다. 하지만 팀 성적은 이후 오히려 더 떨어졌고, 2022년 최종 성적은 73승 89패였다. 아메리칸 리그 서부지구 5개 팀 가운데 1위 휴스턴에 33경기나 뒤처진 3위였다. 필 네빈은 시즌 종료 후, 1년 계약을 맺었고 2023시즌 정식 감독으로 팀을 이끈다.

OHTANI IN 2023 WBC

## WBC에서 나타난 오타니의 리더십, 도전 그리고 존중

**"WBC 출장에 관해서는 구리야마 감독에게 출전 의사가 있다는 뜻을 전달했습니다."**

2022년 11월 16일, 오타니는 본인의 인스타그램을 통해 제5회 2023 WBC에 참가할 뜻이 있음을 명확하게 밝혔다. 오타니의 소속팀인 LA 에인절스 역시 오타니의 참가를 전면적으로 지원할 뜻을 나타냈다. 다만 오타니를 마무리 투수로 기용하려는 구리야마 감독의 구상에는 오타니의 체력적인 부담과 시즌 일정 등을 이유로 들어 반대의 뜻 역시 명확히 밝혔다. 결국, 오타니는 2017년에는 부상으로 참가하지 못했던 WBC에 첫발을 내딛게 됐지만, 투수로 많은 경기에 등판하지는 못했다.

선수의 역할이 전문화·세분화된 현대 야구에서 있을 수 없는 투타 겸업 '이도류'를 훌륭하게 소화하고 있는 오타니를 '시대의 아이콘'이라고 칭해도 결코 과언은 아니다. 그런 선수가 WBC에 참가한다는 것은 단순히 메이저리거 한 명이 더 출전하는 것 이상의 의미와 가치가 있다. 다만 오타니는 다른 대부분의 메이저리거와 마찬가지로 팀 연습 일정 등에 맞춰 다소 늦은 3월 2일에 일본 대표팀에 정식으로 합류했다.

여기에 구리야마 감독은 과거 팀의 주장을 맡은 선수가 개인 성적과 팀 리더로서의 역할이라는 이중고에 어려움을 겪은 것 등을 들어 "모든 선수가 주장"이라며 주장을 따로 두지 않기로 했다고 밝혔다. 그러나 팀에 공식적인 주장이 없다고 해도 정신적 지주가 없을 수는 없다. 그렇기에 일본 대표팀의 실질적 리더는 2월 16일 미야자키 캠프부터 일찌감치 합류한 다르빗슈 유였다. 다르빗슈는 데이터 분석원이나 코칭스태프와 함께 다른 투수들의 공인구 적응 등을 돕거나 선수단 회식을 주도하며 그 역할 잘 수행했다.

그런데 오타니의 합류와 함께 언론매체와 팬의 관심은 다르빗슈가 아닌 오타니에 쏠렸다. 그러면서 자연스럽게 대외적인 팀의 얼굴은 오타니로 바뀌었고, 팀 내에서도 다르빗슈와 함께 쌍두마차처럼 선수단 화합을 이끌어 나갔다. 그렇지만 오타니가 닛폰햄 시절은 물론이고 에인절스에서도 팀

리더를 맡은 적은 없었기에, 2023 WBC 일본 대표팀의 리더는 다르빗슈라는 게 대체적인 시각이었다.

오타니를 향한 우려 아닌 우려 속에서도 대회가 시작되고 경기가 거듭되며 오타니의 진가는 드러나기 시작했다. 특히 체코 대표팀을 향한 존중을 나타내며 WBC를 선의의 경쟁과 세계 야구계의 화합의 장으로 만든 데 이어 필드에서 팀을 이끌었다.

그런 부분이 정말 잘 드러난 게 멕시코와 맞붙은 준결승전이었다. 5-4로 뒤진 9회 말 선두 타자로 나선 오타니는 초구를 공략해 2루타를 때려냈다. 이때 1루를 향하는 도중 헬멧이 불편했는지 오른손으로 내동댕이쳤다. 또 전력으로 달려 2루에 도달한 뒤 포효하며 팀 분위기를 한껏 끌어올렸다. 경기는 이후 무라카미 무네타카가 결승타를 때려냈지만 오타니가 역전을 이끌어냈다는 데 이견은 없었다. 또한, 팀의 우승을 위해 마무리 투수로 마운드에 설 수 있게끔 소속팀 에인절스를 설득했다. 그 결과, 8강전은 물론이고, 결승전에서도 팀의 승리를 지켜냈다. 올 시즌 후 FA가 되는 상황에서도 개인 성적보다는 대표팀에 집중하고 헌신하는 모습은 말 그대로 리더의 자세였다.

4강전을 앞둔 오타니는 "대만이나 한국이 아쉽게 탈락했지만 일본이 우승하면 '다음에는 우리도 우승해야지'라는 마음이 생기지 않을까? 그렇게 된다면 아시아 팀들이 함께 성장할 가능성이 있다고 생각한다"라고 밝혔다. 이번 WBC에서 1라운드를 통과한 아시아 팀은 일본이 유일했다. 세계 야구에서 입지가 좁아진 아시아 야구계에 분발을 촉구하면서도 일본과 마찬가지로 한국과 대만 역시 세계 정상에 도전할 자격이 있다고 높이 평가해준 것이다.

아시아 야구에 대한 배려는 우승이 확정된 후에도 이어졌다. "일본뿐 아니라 한국, 대만, 중국 등에서도 야구를 더 좋아하게 되기를 바란다"는 말을 남기기도 했다. 오타니에게 상대는 경쟁자이지만 불구대천의 원수는 아니다. 서로 더 높은 곳을 향하게 하는 선의의 경쟁자. 그에 따른 존중하는 마음을 잊지 않는다. 미국과의 결승전을 앞두고 더그아웃에서 팀동료들에게 한 연설도 인상적이었다. "동경하는 것을 그만두자. 오늘 하루만큼은 그들에 대한 동경을 버리고 이기는 것만을 생각하자!" 대부분의 야구선수는 메이저리그를 커리어의 최종 목적지로 생각하며 메이저리거를 롤모델로 삼는다. 그런 동경하는 대상과의 경기, 롤모델과 어깨를 나란히 했다는 것에 만족하지 않고 뛰어넘기 위해 노력하자는 도전정신이 바로 오타니의 리더십이다.

오타니가 여느 일본인 메이저리거와 다른 점 가운데 하나로 꼽히는 것이 팀동료들과 적극적으로 소통한다는 점이다. 에인절스 홈경기가 끝난 후, 오타니는 클럽하우

스에서 동료들과 자주 당구를 즐기는 것으로도 유명하다. 시간도 3시간 안팎으로 짧지 않다. 이처럼 오타니는 능숙하지 않은 영어로 클럽하우스 등에서 고립되기도 하는 대부분의 일본인 메이저리거와 달리 팀메이트와의 스킨십에도 적극적이다. 이것은 물론 더그아웃에서도 다르지 않다. 다른 선수에게 상대 투수 공략법이나 노하우를 서로 공유하는 데 주저함이 없다. 또한, 필드에서는 어린 시절 아버지의 가르침에 따라 항상 전력을 다한다. 말을 행동으로 옮기는 실천하는 힘. 오타니는 그렇게 솔선수범하면서 팀을 이끈다.

"누구보다도 결과를 내기 위해 전력을 다했다고
말할 수 있는 하루하루를 소중하게 보내왔습니다."

OHTANI IN 2023 WBC

# WBC를 통해 다시 확인한 오타니의 가치

일본 대표팀에게 있어 이번 2023 WBC는 '오타니로 시작해 오타니로 끝난 대회'였다. B조 첫 경기였던 중국전에 선발 등판한 오타니는 4이닝 무실점과 4타수 2안타 2타점의 활약으로 일본에 첫 승을 안겼고, 미국과의 대회 결승전에서는 마지막 투수로 등판해 세이브를 기록하며 대서사의 시작과 마침표를 모두 본인의 손을 통해 일궈냈다. 그렇게 우승 트로피를 들어올리며 일으킨 자국내 경제 효과는 654억엔(한화 약 6,438억원)이라는 분석까지 나왔으니, 대회 MVP에 오른 오타니가 일본인들에게 얼마나 특별한 의미였을지 짐작하는 것은 어려운 일이 아닐 것이다.

하지만 대회 성적을 떠나 그가 남긴 '파급력'을 생각한다면, 2023년 WBC는 오타니가 일본뿐 아니라 전 세계 야구팬들에게 '만인의 연인'이 된 대회로 평가해야 할 것이다. 메이저리그를 대표하는 스타 중 한 명인 그의 등장과 활약으로 대회 순이익은 1억 달러(약 1,340억원)를 넘었고, 오타니가 이끈 일본 대표팀이 미국 대표팀과 맞붙은 결승전은 미국내에서만 520만명(최대 시간 기준 650만명)이라는 놀라운 시청 기록을 남겼다.

이 과정에서 〈폭스 스포츠(FOX Sports)〉는 대회 기간 중 여러 관계자의 말을 인용해 "오타니가 이번 대회에서 유니콘의 존재감을 만천하에 드러냈다(Shohei Ohtani's 'unicorn' essence on full display in WBC)"는 특집 기사를 내보냈고, 보스턴 지역 최대 일간지 〈보스턴 글로브(Boston Globe)〉는 결승전에 앞서 오타니의 활약을 대대적으로 다루며 "아직 오타니의 경기를 실제로 본 적이 없다면 결승전 입장권을 구매하라. 먼 훗날 '오타니와 동시대에 살았지만 그의 경기를 실제로 본 적은 없고 TV로만 봤다'고 말하는 일이 없도록 하라"며 경기장 방문을 강력 권고하기도 했다. 이렇듯 매체의 규모와 연고지를 불문하고, 오타니가 '야구의 수도' 미국에서 어떤 선수로 인정받았는지 당시 보도를 통해 쉽게 확인할 수 있다.

이런 미국 전역의 관심은, 자연스럽게 2023년 메이저리그 시즌 종료와 함께 자유계약선수가 되는 그의 '몸값'으로 이어진다. 지난 5월 9일, ESPN은 각 구단 관계자와 에이전트, 분석가 등 26명의 전문가를 대상으로 오타니의 예상 계약 규모 관련 설문 조사를 진행했는데, 가장 많은 14명의 관계자가 '5억 달러(약 6,703억원)에서 5억 4,900만 달러(약 7,360억원)'를 선택했으며, 심지어 더 높은 액수를 고른 이도 여섯 명이나 되는 등 '사상 첫 FA 5억 달러 선수'가 탄생하는 것을 기정 사실화 하는 분위기이다. 게다가 이 보도에서는 오타니의 탁월한 경기력뿐 아니라 경기 외적인 마케팅 요소가 크다는 점을 언급하며, 때마침 그의 영입을 검토할 만한 구단들에 '빅 마켓' 팀 상당수가 포함되어 있다는 내용도 담고 있다.

SHOHEI OHTANI'S UNICORN ESSENCE ON FULL DISPLAY IN WBC

F O X S P O R

| BATTER | 7경기 23타수 10안타 1홈런 8타점 .435타율 .606출루율 .739장타율 1.345OPS |
| --- | --- |
| PITCHER | 3경기 2선발 2승 0패 1세이브 9.2이닝 5피안타 2실점 2볼넷 11삼진 1.86ERA |

특히, 메이저리그 사무국이 2023 시즌부터 각 구단에게 유니폼 소매에 기업 광고를 유치할 수 있게 허용함에 따라, 오타니 영입 구단은 말그대로 그를 '움직이는 광고판'으로 활용할 수 있어 '오타니 영입 쟁탈전' 참전을 계획하는 팀들이 더 많은 '실탄'을 장전하고 나설 가능성이 높은 상황이다. 리그와 WBC에서 모두 MVP를 수상했을 뿐 아니라 모범적인 사생활로 미국과 일본 양국의 주요 기업 같은 '광고주'들에게 매력적인 이미지를 갖게 되었고, 이는 구단들로 하여금 '고액 연봉을 지불하더라도 스폰서십을 통해 투자금의 상당액을 곧바로 회수할 수 있는 상품성 있는 선수'라는 확신을 갖게 했기 때문이다. 뛰어난 경기력을 증명했을 뿐 아니라 더 높은 인지도와 아름다운 이미지까지, 2023년 WBC 대회 속 오타니는 시작부터 끝까지 완벽한 동화였다. 일본 프로 데뷔 당시 은사였던 구리야마 감독이 지휘봉을 잡았을 때, 그리고 그런 그가 대회 수개월 전에 직접 미국을 찾아 오타니에게 대표팀 합류를 요청했을 때부터 이미 줄거리는 쓰여 있었다. 하지만 WBC가 막을 내렸어도 그의 이야기는 아직 끝나지 않았다. 오타니는 여전히 현재진행형이고, 이것은 역사와 전설인 동시에 명벽한 실화이다.

# 오타니, 7억달러
## OHTANI IN DODGERS

### 천국과 지옥을 오간 2023년 8월의 오타니

2023년 8월 중순, ESPN은 FA 자격 취득을 앞둔 오타니 쇼헤이를 두고 "12년간 7억 8,970만 달러 가치를 지닌 선수"라는 내용의 특집 기사를 게재했다. 지난 3년간 오타니의 활약이 투수로서는 연간 3,760만 달러, 타자로서는 연간 3,840만 달러에 달했다면서, 이를 12년 계약으로 가정한 뒤 계약 후반부로 갈수록 노쇠화 등으로 가치가 떨어지는 것을 미리 감안해 측정한 결과였다. 연평균 6,580만 달러에 달하는, 어마어마한 금액이었다. 하지만 이는 어디까지나 오타니라는 선수에 대한 '가치'를 금액으로 추정 환산한 것일 뿐, 실제로 오타니 영입에 이 같은 금액을 쓸 구단이 나타날 것이라는 예상은 많지 않았다. 메이저리그 역사상 5억 달러 계약도 나오지 않은 상황에서, 6억 달러를 넘어 7억 달러대의 금액을 쓸 팀은 없다고 보는 것이 당시 분위기였다. 게다가 오타니가 해당 기사 게재 일주일 만에 팔꿈치 통증으로 강판되면서, 일각에서는 5억 달러 계약도 어려울 수 있다는 이야기까지 나왔다. 이미 한차례 인대 접합 수술 '토미 존 서저리'를 받은 적이 있는 오타니가 같은 부위에 두 번째 칼을 댄다는 것은 투수로서의 미래가 불투명할 수도 있다는 뜻이었다. '이도류' 수명이 짧아진다면 그의 가치에 악영향을 줄 것은 분명해 보였다. 야구계 안팎에서 당장의 FA 계약뿐 아니라, 그의 미래에 대해 의문 부호를 붙이기 시작했다.

## 2023 RECORD

BATTER ..... 135경기 44홈런 95타점 .304타율 .412출루율 .654장타율 1.066OPS
PITCHER ..... 23경기 10승 5패 132이닝 55볼넷 167삼진 3.14ERA

# 시대를 열다!

## 쟁탈전 속 오보 소동 '토론토행 비행기 탑승 해프닝'

시즌이 끝나기가 무섭게 여러 예상이 꼬리에 꼬리를 물고 이어졌다. 오타니가 역대 최고액 선수가 될 것이란 기대감에 비해 유통되는 정보의 양이 턱없이 적은 것도 추측을 부풀리게 하는 이유 중 하나였다. 원래 평소에도 인터뷰를 자주 하지 않는 데다 그마저도 자신의 투수 등판일에 공동 기자회견을 가질 뿐이었던 오타니는, 팔꿈치 부상이 발생한 8월 말부터는 입을 굳게 다물며 모두의 발을 구르게 했다. 자신의 두 번째 MVP 수상이 발표된 11월 17일에도 메이저리그 사무국 산하 방송사인 'MLB 네트워크'와의 수상 소감 인터뷰 역시, 사전에 'FA 관련 질문은 받지 않겠다'는 뜻을 전하며 혹시 모를 돌발상황을 원천 차단하는 모습을 보였다.

그렇게 본격화된 '오타니 영입전'은 그야말로 총성 없는 전쟁이었다. 초반에는 LA 다저스, 샌프란시스코 자이언츠, 시카고 컵스 등이 유력 후보로 거론되었고, 애틀랜타 브레이브스마저 갑자기 팀 연봉 총액을 덜어내고 로스터에 자리를 만드는 트레이드를 진행시키며 모두의 궁금증을 자아냈다. 이런 판도 변화 속에서 갑자기 뛰어든 팀은 미국 국경 너머 캐나다에 위치한, 토론토 블루제이스였다. 토론토 시민뿐 아니라 캐나다의 전국적인 지지를 등에 업은 블루제이스는, 자신들의 스프링 트레이닝 훈련지이자 최근에 전면 시설 개편을 한 플로리다 더니든(Dunedin)에서 오타니와 비밀 미팅을 한 것이 밝혀지며 연일 화제의 주인공이 됐다.

'화제'가 대형 '화재'로 바뀐 것은 불과 며칠 후의 일이다. 12월 9일, 미국의 저명 기자 존 모로시가 "오타니의 결정이 임박했고, 빠르면 오늘 행선지를 정할 수도 있다"라는 보도를 한 것이 그 시작이었다. 몇 시간이 흘러, 현지의 한 네티즌이 '애너하임에서 출발하는 전세기가 내일 아침 토론토를 향해 간다'면서 항공 정보 사이트의 예약 내역을 인용했고, 이제 모두의 관심은 '그 비행기에 오타니가 타느냐 마느냐'에 있었다. 전 세계 야구팬들의 마음이 타들어가고 있던 그때, 모로시 기자가 아침 일찍 자신의 소셜 미디어에 충격적인 소식을 전하며 불을 댕긴다. 오늘, 오타니가 토론토행 비행기에 탑승한다는 것이었다. 캐나다는 축제 분위기에 빠졌다. 앞서 언급한 그 네티즌의 말이 맞았다면서 기뻐했고, 캐나다 CBC 뉴스는 '그 비행기'가 공항에 도착하는 시간에 맞춰 사진 기자까지 보냈다. 비행기가 캐나다 땅에 멈추면, 오타니가 문을 열고 나올 것이라고 믿었던 순간, 어느 한 사업가와 가족이 계단을 내려오는 모습이 카메라에 잡혔다. 그 비행기는 오타니와 무관한 것이었다.

같은 시각, 세계 스포츠 언론은 혼란에 빠져 있었다. 모로시가 여러 소식통에게 들었다던 오타니의 토론토행 비행기 탑승에 대해, 복수의 기자들이 '사실무근'이며, 오타니는 여전히 미국 캘리포니아에 있다는 말을 쏟아냈다. 일순간 소셜 미디어는 누구 말이 맞는지 확인하는 '전쟁터'가 되었고, 몇 시간이 흘러 모로시 기자가 "확실치 않은 정보를 드려 죄송하다"라며 공식 사과하는 것으로 일단락되었다. 그때까지도 오타니는 행선지를 공개하지 않았고, 토론토를 포함해 그의 영입에 나선 팀들은 여전히 자신들의 '가능성'에 기대고 있었다.

## 12년간 7억 달러, 총액 97% 지불 유예

소동이 계속되고 팬들과 언론의 인내도 바닥을 향해가던 때, 오타니의 소셜 미디어에 한 장의 사진과 영어 및 일본어로 작성된 글이 올라온다. 파란색 바탕에 흰색 "LA". 이도류를 넣을 칼집이 정해지는 순간이었다. 오타니의 결정 자체도 파격이었지만, 곧이어 알려진 그의 연봉 총액은 더욱 충격적이었다. 총액 기준으로 종전 최고액이었던 마이크 트라웃(4억 2,650만 달러)을 뛰어넘어 메이저리그 최초의 5억 달러, 6억 달러를 건너뛴 뒤 '7억 달러의 사나이'가 된 것이다.

놀랄 일은 더 있었다. 10년간 7억 달러라는 조건도 놀랍지만, 이 금액의 상당 부분을 추후 지급으로 받기로 한다는 것이었다. 일각에서는 그 정도가 '전례가 없는 수준'이라고 했는데, 얼마 뒤 그 비율이 공개됐다. 97%. 그러니까, 10년간 매년 7,000만 달러를 받아야 하는 오타니가 200만 달러만 제때 받고, 나머지 6,800만 달러의 잔여 연봉은 계약 종료 후인 2034년부터, 그것도 무이자로 수령한다는 것이었다. 일부 선수들이 이런 추후 지급으로 연봉을 받기로 하면서 소속팀에 '숨통'을 트게 해주는 경우는 있었지만, 그 지불 유예 금액이 총액의 절반을 넘는 일은 없었다. 그랬던 것을 '역대 최고액'을 받는 오타니가 '역대 최고 비율'로 지불 유예에 동의한 것이다. 게다가 이 같은 계약은 다저스 구단 측의 부탁 때문이 아니라 선수가 먼저 제안했다는 점에서 야구계는 또 한 번 혼란에 빠졌다. 계약 이후 오타니의 에이전트는, 이미 선수가 11월에 '내가 어느 팀과 계약하든 그 연봉을 전부 추후 지급받는 것으로 협의할 수도 있느냐'고 물었다면서, 자신의 높은 몸값 때문에 미래 소속팀이 당장의 추가적인 전력 보강을 하기 어려워지는 길을 피하고 싶어 했다는 뒷이야기를 전하기도 했다. 일각에서는 오타니 계약을 두고 전력 양극화를 더 부추기는 것이 아니냐는 우려와 함께, 지불 유예를 97%나 하는 것이 과연 정당한 일인가에 대한 논란이 일었다. 하지만 이 지불 유예는 지난 2022년 시즌을 앞두고 선수와 구단 간 노사협약Collective Bargaining Agreement에 의해 보장된 권리인데, 실제로 16조 항을 보면 "선수 계약에 담길 수 있는 지연 보상(지불 유예) 총 금액, 또는 총 보상 비율엔 제한이 없어야 한다"라는 내용이 명시되어 있다. 2022년부터 2026년까지 적용되는 이 노사협약 이전까지 구단이 대형 계약에 소극적이었고, 이에 선수 노조가 조금이라도 더 지출을 유도하고자 지불 유예에 제한을 두지 않는 안을 넣어 통과시키며 신설된 조항이었다.

### 팀 스포츠 역사상 최고액 계약 TOP 10

1. **오타니 쇼헤이** 야구 / MLB / 10년
$7억

2. **킬리언 음바페** 축구 / 르 그암 / 3년
$6억 7,900M

3. **리오넬 메시** 축구 / 라리가 / 4년
$6억 7,400M

4. **크리스티아노 호날두** 축구 / 사우디 리그 / 2년 3개월
$5억

5. **패트릭 마홈스** 풋볼 / NFL / 10년
$4억 5,000M

6. **카림 벤제마** 축구 / 사우디 리그 / 2년
$4억 3,000M

7. **마이크 트라웃** 야구 / MLB / 12년
$4억 2,650M

8. **무키 베츠** 야구 / MLB / 12년
$3억 6,500M

9. **애런 저지** 야구 / MLB / 9년
$3억 6,000M

10. **매니 마차도** 야구 / MLB / 11년
$3억 5,000M

*출처 TOP 10 BIGGEST CONTRACTS IN TEAM SPORTS, TOTAL VALUE IOC 공식 홈페이지

## 오타니가 유예율을 97%까지 끌어올린 이유

메이저리그에는 '사치세'가 있다. 샐러리 캡과의 차이가 있다면, 팀 연봉 총액이 일정 금액을 넘어갈 수는 있지만 이를 어길 시에는 많은 페널티를 감수해야 한다는 점이다. 단순히 벌금을 내는 것 외에도, 구단들이 가장 민감하게 여기는 신인 지명권의 순번이 밀리거나 박탈당할 수 있어 샐러리 캡 못지않은 강제력을 갖는다. 오타니가 자신의 유예율을 97%까지 끌어올린 이유가 여기에 있다. 오타니가 맺은 7억 달러 계약은, 10년 후에는 같은 액수라 하더라도 그 금액의 가치가 낮아진다. 그렇기에 메이저리그 노사 협약에는 지급 유예 계약 시 '할인율'(계약 시점 기준 4.43%)을 적용해 연봉 총액 산정에 반영한다. 그러니까, 다저스가 오타니에게 지급해야 하는 돈이 총 7억 달러라는 것은 변함이 없지만, 오타니가 파격적인 지불 유예를 먼저 제시해 준 덕에 사치세 계산에 반영되는 금액은 할인율을 감안한 4억 6,000만 달러로 낮아진다. 연 단위로 보면, 다저스는 2,400만 달러를 더 쓸 수 있는 '공간'을 확보하게 되는 것이며, 이는 정상급 선발 투수 한 명을 영입할 수 있는 액수에 해당한다. 오타니의 이 같은 배려에 화답하듯 다저스는 실제로 FA 투수 최대어 야마모토 요시노부와 12년간 3억 2,500만 달러에 계약하며 철옹성 같은 전력을 더욱 빈틈없이 굳건하게 구축했다.

## 야구를 너머 팀 스포츠 계약 역사를 새로 쓰다

10년간 총액 7억 달러. 여전히 믿기지 않는 이 엄청난 계약은, 메이저리그뿐 아니라 세계 스포츠 역사를 새로 쓰는 '사건'이다. 지난 2017년, 리오넬 메시가 당시 소속팀이었던 FC 바르셀로나와 맺은 계약의 규모(6억 7,400만 달러)를 뛰어넘는 금액이며, 북미 4대 스포츠로 범위를 좁혀 보면, 종전 최고액이었던 NFL 스타 쿼터백 패트릭 마홈스(캔자스시티 치프스)의 10년간 4억 5,000만 달러 조건을 크게 웃돈다. 오타니의 다저스 계약 소식이 나왔을 때, 미국 내 주요 리그의 여러 스타들이 자신의 소셜 미디어에 저마다의 소감을 남긴 것도 계약 규모가 그만큼 충격적이었기 때문이다.

## 한계를 베어낸 '이도류' 오타니, 계속 길을 개척하다

꽃길만 걸었을 것 같은 오타니의 여정을 되짚어 보면, 그 길은 사실 가시덤불로 가득했다. 본인의 말처럼 '새로운 방식, 새로운 몸'을 필요로 하게 했던 데뷔 초 시범 경기에서의 부진 때 쏟아진 비난이 그 시작이었고, 첫 번째 팔꿈치 인대 접합 수술을 받을 당시 "역시나 무리였다"는 반응이 나올 때도 그랬다. 정상급 기량을 선보이고 있음에도 ESPN의 한 출연자가 "오타니는 메이저리그를 대표하기에는 영어가 서툴다"라며 흠집을 냈을 때, 또 한 번의 MVP 시즌을 보내다 두 번째 수술을 요하는 팔꿈치 부상을 당했을 때 '이제 FA 대박은 무리'라는 조소가 있을 때도 마찬가지였다. 사상 초유의 7억 달러 계약을 따낸 선수지만, 이 자리에 오기까지 그는 무수히 많은 편견과 의심을 스스로 헤쳐 나가야 했다. 오타니의 도전은 역대 최고액 계약으로 끝나지 않는다. 오히려 이것은 시작일 뿐이다. 오타니는 입단식 당일, 다저스 입단을 결심하게 된 결정적 계기로 구단 측의 '마음가짐'을 꼽았다. 지난 10년간 계속해서 우승 후보로 언급되며 가을 야구에 꾸준히 나섰지만, 한 차례 월드 시리즈 우승에 그친 것을 '실패'로 여긴 점에서 의지를 느꼈다는 것이었다. 이제 그는 메이저리그에서 가장 큰 빅마켓 팀 중 하나인 다저스에서, 그 어느 때보다 화려한 조명을 받으며 우뚝 설 것이다. 그렇게 지금까지와는 또 다른 부담과 책임감이 엄습해오겠지만, 수 년에 걸쳐 오타니가 증명한 것이 있다면, 그는 어떤 어려움이든 자신의 두 칼로 베어내고야 마는 선수라는 것이다.

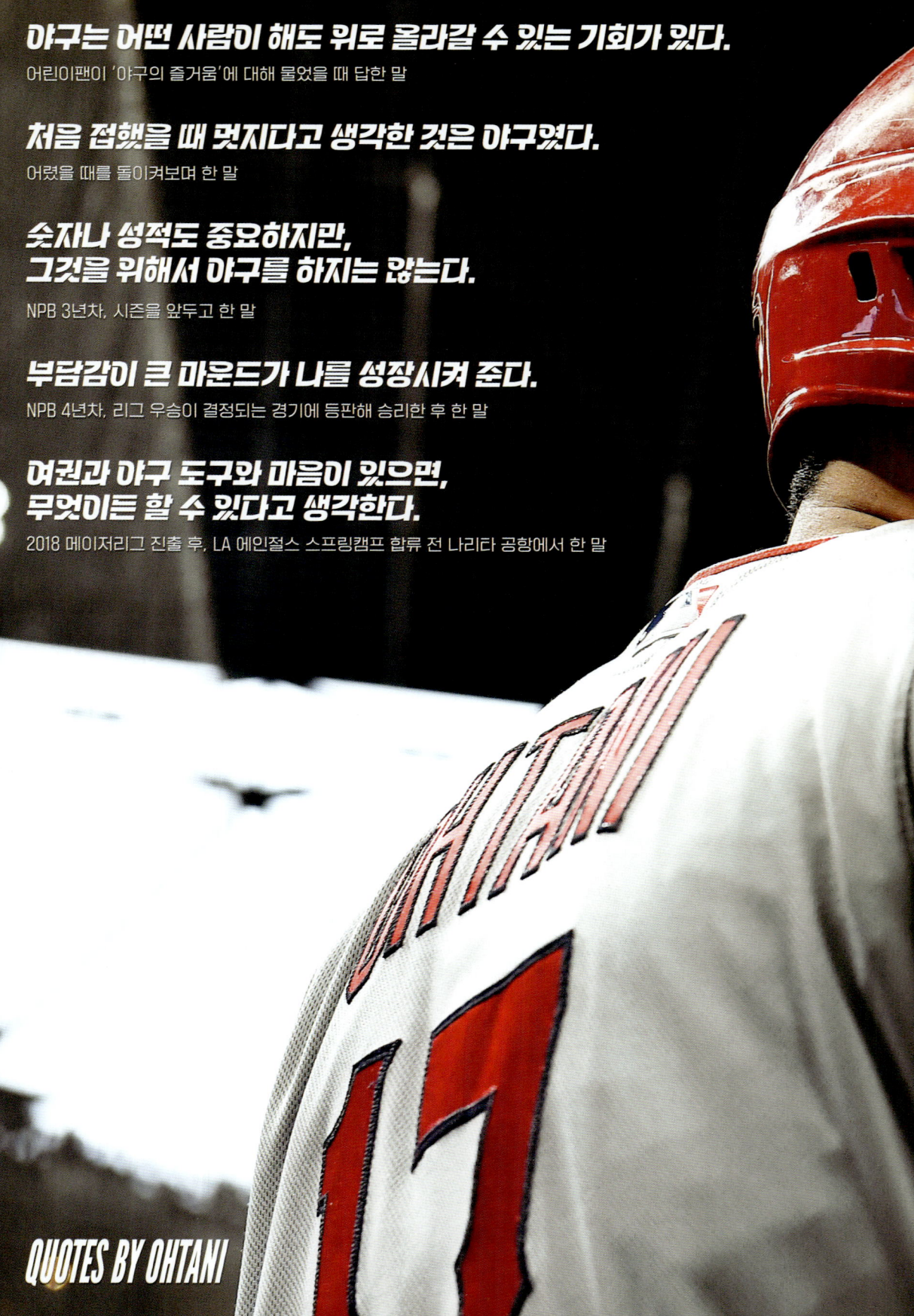

**다시 내일이 있으니까, 일찍 자려고 한다.**

2021년 11월, 아메리칸 리그 MVP 수상 후 한 말

**이도류가 당연해지면,
어쩌면 일반적인 숫자일 수도 있다.**

2022년 8월, 한 시즌 두 자릿수 승리와 두 자릿수 홈런을 기록한 후 한 말

**야구를 시작한 후 지금까지 1위(우승)
이외를 목표로 한 적은 없다.**

2023년 1월, 첫 WBC 출전을 공식 발표하며 한 말

**LA 다저스 팀을 위해
최선을 다할 것을 약속하고,
나 자신에 있어서도
최고의 버전이 될 수 있도록
최선을 다할 것이다.**

2023년 12월, LA 다저스로의 FA 이적이 발표된 후 한 말

오타니가 말하는 야구 그리고 오타니

# EPILOGUE

**새로운 시대
새로운 야구
새로운 선수**

상상 속의 존재. 그래서 '이도류'를 그대로 들고 메이저리그에 도전한다는 오타니를 가리켜 미국 언론은 '유니콘'이라는 표현을 자주 사용했다. 도전 자체로 경이롭다는 의미이기도 했지만, 한편으로는 둘 중 하나도 제대로 하기 어려운 무대에서, 투구와 타격을 병행한다는 것에 대한 부정적인 시선이 적지 않았던 것도 사실이다.

하지만 빅리그에서 6년이라는 시간을 보낸 지금, 오타니는 스스로 반짝이는 큰 별이 되었을 뿐 아니라 야구계 전체의 밝은 미래를 만들어가고 있다. 처음엔 선수 본인조차 가능하지 않으리라 생각했던 투타 겸업을 일본에서 실제로 빚어내어 '야구의 본고장' 미국으로 들고 왔고, 꿈의 무대라 불리우는 메이저리그가 낡은 규정을 손보게 만들 정도의 활약을 펼쳤다. 그 덕분에 세상 모든 이들이 '새로운 야구'를 볼 수 있게 되었고, 미래의 빅리거를 꿈꾸는 유소년들은 그 어느 때보다 강렬한 영감을 얻을 수 있었다.

특히 2023년은 월드베이스볼클래식WBC;World Baseball Classic이라는 무대를 통해 오타니가 야구에 새로운 숨결을 불어넣은 해라 말해도 과언이 아닐 것이다. 리그를 뛰어 넘어 국제대회에서 큰 활약을 한 오타니와 함께 일본은 대회 기간 중 치른 모든 경기에서 3,000만 명에 가까운 시청자와 40%를 웃도는 시청률을 기록하는 경이적인 기록을 세웠는데, 미국과의 결승전은 미국내 단일 경기 WBC시청 신기록에 해당하는 520만 명이 시청했을 정도로 '본토'에서도 큰 화제를 불러 일으켰다.

여기에 오타니는 대회 기간 중 자신의 소셜미디어 인스타그램 계정 팔로워가 2배 이상 늘어나며 메이저리거 최초로 4백만 그리고 5백만 팔로워를 얻게 되었고, 결승전의 마지막 투수로서 마이크 트라웃을 삼진으로 돌려세운 장면 하나만으로 대회 기간 중 메이저리그 사무국에서 인스타그램을 통해 운영한 WBC 관련 전체 영상 누적 조회 수 중 12%를 차지하며 전 세계의 야구팬들에게 '이도류'를 각인시켰다.

그렇게, 오타니가 펼쳐 놓은 이 새로운 야구는, 더는 어느 한 사람이 아닌 모두의 '꿈'이 되었다. 그 어느 때보다 투구와 타격을 병행하는 이들이 많아지고, 야구라는 스포츠에 대한 세계적 관심이 커지고 있는 지금이다. 오타니는 자신을 뒤따르는 이들을 위해서라도 계속 두 개의 칼을 휘두르며 세상의 '의심'을 베어내고 누구도 이처럼 멀리 가지 못했던 '길'을 계속 만들어 나가야 할 것이다. 구리야마 닛폰햄 전 감독이 이 제자에게 이도류 장착을 하겠노라며 그 책임감을 두고 했던 말 "사명使命"은, 이제 '개척자' 오타니의 몫이 되었다.

# Ohtani
# Shohei

**1ST PUBLISHED DATE** 2024. 2. 2

**AUTHOR** Sunsoo Editors, Sonn Yun, Han Seunghoon
**PUBLISHER** Hong Jungwoo
**PUBLISHING** Brainstore

**EDITOR** Kim Daniel, Hong Jumi, Park Hyerim
**DESIGNER** Champloo, Lee Yeseul, Central.P
**MARKETER** Bang Kyunghee
**E-MAIL** brainstore@chol.com
**BLOG** https://blog.naver.com/brain_store
**FACEBOOK** http://www.facebook.com/brainstorebooks
**INSTAGRAM** https://instagram.com/brainstore_publishing
**PHOTO** Getty Images

**ISBN** 979-11-6978-025-4 (03690)

Copyright © Brainstore, Sonn Yun, Han Seunghoon, 2024
All rights reserved.
Reproduction without permission is prohibited.

OHTANI SHOHEI